AF140508

Otto Jahn

Otto Jahns musikalische Bibliothek und Musikalien-Sammlung

Otto Jahn

Otto Jahns musikalische Bibliothek und Musikalien-Sammlung

ISBN/EAN: 9783744643115

Hergestellt in Europa, USA, Kanada, Australien, Japan

Cover: Foto ©Thomas Meinert / pixelio.de

Weitere Bücher finden Sie auf **www.hansebooks.com**

OTTO JAHN'S

MUSIKALISCHE BIBLIOTHEK

UND

MUSIKALIEN-SAMMLUNG.

BONN.

1869.

Die folgenden Blätter enthalten ein Verzeichniss der musikalischen Bibliothek Otto Jahn's. Es erhellt auf den ersten Blick, mit welchem Eifer der frühere Besitzer bemüht gewesen ist, auch diesen Theil einer reichhaltigen Sammlung, die ausserdem sämmtliche Fächer der klassischen Alterthumskunde und die neuere deutsche Litteratur in seltener Vollständigkeit umfasste, unablässig zu vervollständigen und zu einem Ganzen abzurunden.

Von Jugend auf war es die Musik, welche Jahn lebhaft anzog und innerlich bewegte. Schon als Knabe, von dem strengen Lehrer Apel in der Musik gebildet, componirte und dirigirte er eifrig, und erst auf der Universität entschied er sich dafür, die Erforschung des klassischen Alterthums zur Hauptaufgabe seines Lebens zu machen, weil er seine musikalische Productionskraft nicht bedeutend genug fand um als Componist Hervorragendes zu leisten. Die theoretischen Studien aber setzte er, zunächst unter S. W. Dehns Leitung, sodann auf eigene Hand, unablässig fort, und ebenso widmete er sich eingehenden Forschungen der Musikgeschichte, namentlich des vorigen Jahrhunderts. So reifte in ihm der Plan zu einer Biographie Beethovens, der sich bald zu dem grösseren Plane einer Biographie Haydns, Mozarts und Beethovens erweiterte. Hier zeigte sich aber als empfindliches Hinderniss die Schwierigkeit, das Material vollständig und in zuverlässiger Form herbeizuschaffen, da von unseren öffentlichen Bibliotheken die wenigsten eine irgend nennenswerthe Hilfe zu leisten vermochten. Es blieb nichts übrig als durch eigenes Sammeln das Material zusammenzubringen, ein ebenso kostspieliger wie schwieriger Weg, da bekanntlich die in Bibliotheken und Theaterarchiven, im Handel und im Privatbesitz zerstreuten Schätze schwer zu ermitteln, noch schwerer zu benutzen sind. Ein Beispiel der Umsicht und Ausdauer, mit welcher Jahn sammelte, bietet No. 942 und 943 unsres Verzeichnisses.

Die erstere Nummer gibt eine vollständige Partitur der zweiten Bearbeitung von Beethovens Leonore, die andre alle diejenigen Stücke der ersten Bearbeitung, welche Jahn erreichbar waren; er selbst hat in der Vorrede seines Klavierauszuges der zweiten Bearbeitung dargelegt, aus wie verschiedenen und entlegenen Winkeln die einzelnen Nummern, oft sogar einzelne Stimmen, zusammengesucht werden mussten, um das verlorene Ganze wiederzugewinnen. Es gehörte philologische Schulung dazu um solche Arbeiten zu unternehmen und durchzuführen. Die gleiche Methode befürwortete Jahn lebhaft und wirksam bei der Gründung der Bachgesellschaft; sie ist seitdem für ähnliche kritische Gesammtausgaben (Händel und Beethoven) die massgebende geworden.

Jene Studien veranlassten die sehr bedeutende Vermehrung der schon vorher nicht ganz unerheblichen musikalischen Sammlung Jahns. Man wird leicht bemerken, dass namentlich Beethoven, Mozart, und Haydn den eigentlichen Mittelpunkt der Sammlung ausmachen; beide sind in einziger Vollständigkeit vorhanden. Dies ist für Mozart nur durch die ungewöhnliche Liberalität der Gebrüder André möglich geworden, welche die damals noch fast ausschliesslich in ihrem Besitz befindlichen, seitdem bekanntlich in alle Winde zerstreuten Originalmanuscripte Mozarts dem Biographen desselben zur Benutzung übergaben und ihm gestatteten, Abschriften davon zu nehmen. Dadurch allein ist der Welt eine vollständige Sammlung der Werke Mozarts erhalten, und zwar in zuverlässigen Copieen. Denn Jahn verwandte die grösste Mühe, hier wie in allen den Fällen, wo er ungedruckte oder unerreichbare Werke für sich abschreiben liess, auf eine sorgfältige Correctur, die er oft selbst vornahm, oft von den kundigsten Freunden zu erlangen das Glück hatte, welche letztere auch nicht selten ganze Abschriften eigenhändig besorgten. Es mag erlaubt sein, unter vielen Namen einige hervorzuheben: Köchel, Pohl und Sonnleithner in Wien, Fürstenau und Rietz in Dresden, Espagne in Berlin. Es dürfen daher auch die sämmtlichen neuerdings geschriebenen Partituren dieser Sammlung als besonders zuverlässig, die Drucke nicht selten an Correctheit übertreffend bezeichnet werden. Auch bei dem Erwerb älterer Abschriften ward möglichste Correctheit derselben angestrebt.

Die Lebensbeschreibung Mozarts führte Jahn in eingehende Studien über die Entwicklung der Oper seit ihrem Beginne.

Daher die grossen Reihen von Operpartituren älterer und neuerer Meister, zum Theil von grösster Seltenheit.

Neben den Heroen der klassischen deutschen Musik — denn auch Bach, Händel, Gluck sind würdig, zum Theil glänzend vertreten — und neben der Entwickelung der Oper scheinen die andern Zweige mehr zurückzutreten, jedoch sind auch an geistlicher Musik, an Instrumentalcompositionen aller Art so reiche Schätze vorhanden, dass sie nur neben jenen Hauptfächern geringer erscheinen könnten. Ausserdem ist in den ersten 934 Nummern des Verzeichnisses eine ausgezeichnete Sammlung gedruckter Werke über Geschichte und Theorie der Musik enthalten, welche wiederum für manche Theile auf Vollständigkeit Anspruch machen kann. Wer es erfahren hat, wie schwer oft ältere Drucke, Originalberichte, Zeitschriften u. s. w., zu erreichen sind, der wird auch hier über die Reichhaltigkeit des Gebotenen erstaunt sein.

Schliesslich müssen wir aber noch auf einige besondere Zierden und Schätze der Bibliothek hinweisen. Die Nummern 186, 280 u. 333 enthalten authentische Abschriften von Briefen Beethovens, Haydns und Mozarts in gleichmässig deutlicher Schrift und in grosser Vollständigkeit. Namentlich sind die vier Kapseln der mozartschen Correspondenz (333) werthvoll, weil sie nicht bloss die von Andern oft nur sehr ungenau herausgegebenen Briefe des Meisters in zuverlässigen Copieen, sondern auch die zur Ergänzung derselben unentbehrlichen Briefe des Vaters und andrer Correspondenten enthalten. Unter den beiden andern Nummern ist viel Ungedrucktes, z. B. Haydns Correspondenz mit Artaria. Ferner aber geben die Nummern 935—958 eine stattliche Reihe von Autographen und solchen Werken, welche diesen gleichgestellt werden können. Ein grösseres Autograph des Altmeisters Bach (935) ist im Privatbesitz von fast unerhörter Seltenheit. Beethoven ist durch ein vollständiges Werk, ferner durch eines seiner interessanten Skizzenblätter, mehrere eigenhändig corrigirte Exemplare, ein Handexemplar seiner zweiten gedruckten Composition mit eigenhändiger Randnotiz, endlich durch die nur hier als Unica existirenden Partituren der beiden älteren Leonorebearbeitungen glänzend vertreten (936—943). Von Jos. Haydns Isola disabitata ist ein Partiturentwurf zu einem Finale im Autograph nebst einem vom Meister selbst durchcorrigirten Klavierauszug der ganzen Oper vorhanden (946. 947). Von W. A. Mozart liegen vier z. Th. umfangreiche Autographe aus verschiedenen Zeiten vor, und dazu zwei nach Art eines Facsimile hergestellte Copien eines ungedruckten mozartschen Jugendwerkes und desjenigen Buches, aus welchem Wolfgang als Knabe seine erste Lectionen erhielt und in das er seine ersten Compositionen eintrug (952—956). Ausserdem sind Autographe von Chopin, Durante, G. M. Haydn, Ferd. Hiller, Leon. Leo, Mendelssohn, Leop. Mozart, Schumann da.

Eine in jedem Betracht so ausserordentliche Sammlung zerstreut und die durch Jahns Sammelfleiss vereinigten z. Th. unersetzlichen Schätze, nachdem der Tod ihm selbst die Benutzung derselben zu seinen weiteren grossen Unternehmungen abgeschnitten hat, dem Zufall einer öffentlichen Versteigerung anheimgegeben zu sehen — dieser Gedanke ist für Viele ein schmerzlicher.

Wir haben es desshalb für unsere Pflicht erachtet, bevor wir den Weg der Einzelversteigerung betreten, den Versuch zu machen, die ganze Sammlung, wie sie dieser Catalog umfasst, zum Verkauf auszustellen. Bibliotheksvorstände, Gesellschaften und etwa sonstige geehrte Reflektanten belieben hierauf bezügliche Anfragen an die mitunterzeichneten Hrn. Max Cohen & Sohn in Bonn zu richten, welche Näheres mittheilen werden.

Joseph Baer	Max Cohen & Sohn	M. Lempertz
in Frankfurt a. M.	in Bonn.	in Bonn.

Inhalts-Verzeichniss.

A. Bücher.

B. Praktische Musik.

Die Bücher und Musikalien sind durchgängig vortrefflich erhalten und (mit nur ganz unbedeutenden Ausnahmen) solid und gefällig gebunden. Jedes Buch und jede Musikpièce trägt auf der Innenseite des Einbandes die von Ludwig Richter gezeichnete Vignette »Inter Folia Fructus«, welche auch diesen Catalog schmückt.

Geschichte der Musik.

2

23 **Burney, Ch.** The present state of music in Germany, the Netherlands and united provinces. 2 vols. Lond. 1775 Ledrbde.
24 — — Memoirs of doctor Burney arranged from his manuscripte, from family papers, and from personal collections, by his daughter, madame d'Arblay. 3 vls. London 1832. Elegante Halbfranzbände.
25 **Busby, Th.** A general history of music. 2 vls. Lond. 1819. Hfr.
26 — — Gesch. d. Musik. Deutsch v. Michaelis. 2 vls. Lpz. 1822. Pb.
27 — — Concert room and orchestra anecdotes of music and musicians. 3 vls. Lond. 1825. Lwdb.
28 **Caffi, Fr.** Storia della musica sacra nella glà cappella ducale di San Marco in Venezia dal 1318—1797. 2 vls. Venez. 1854—55. Hfr.
29 **Castil-Blaze, M.** De l'opéra en france. 2 vols. Paris 1820. Hl.
30 — — Chapelle-musique des rois de france. Paris 1832. Hl.
31 — — Théatres lyriques de Paris. L'opéra-Italien 1548—1856. Paris 1836. Hl.
32 — — L'académie impériale de musique 1645—1855. 2 vols. Paris 1855. Pbde.
33 **Cazalet, W. W.** The history of the royal academy of music. Lond. 1854. W. portr. Lwdb.
34 **Celler, L.** Les origines de l'opéra et le ballet de la reine. 1581. Paris 1868. Hfr.
35 **Chorley, H. F.** Modern german music. Recollections and criticisms. 2 vls. Lond. 1854. Lwdbde.
36 — — Thirty years' musical recollections. 2 vols. w. Portr. Lond. 1862. Lwdbde.
37 **Choron** et **Fayolle.** Dictionnaire histor. des musiciens. 2 vls. Paris 1811. Hfrzbde.
38 **Chrysander, Fr.** Musik u. Theater in Mecklenburg. s. a. e. l. 4. Pb.
39 **Coussemaker, E. de.** Histoire de l'Harmonie au moyen age. Av. 38 planches. Paris 1852. 4. Hfr.
Wichtiges von der Pariser Akademie gekröntes Werk. Im Buchhandel gäuzlich vergriffen.
40 — — Les harmonistes des XII. et XIII. siècles. Paris 1864. 4.
41 — — L'art Harmonique au XII et XIII siècles. Paris 1865. 4. (40 frcs.) Hfr.
Coussemaker siehe auch Nr. 125.
42 **Dalberg, H. v.** Unters. u. d. Ursprung der Harmonie. Mit Kupfern. Erf. 1800.
43 **Dommer, A. v.** Handbuch d. Musikgeschichte. Lpz. 1868. Hl.
44 **Döring, G.** Zur Geschichte der Musik in Preussen. Lfg. 1—3. Elbing. 1852—55.
45 **Edwards, Sutherland.** History of the opera from its origin in italy to the present time. 2 vols. Lond. 1862. Lwdbde.
46 **Elwart, A.** Histoire de la société des concerts du conservat. impér. de musique. Av. portr. Paris 1860. Hl.
47 Essai s. l. revolutions de la musique en france. (de Marmontel). Paris 1777. Pb.

48 **Essai** sur la musique ancienne et moderne 4 vls. 4. Paris 1780. Ldrbde.

49 — — sur l'histoire du violon p. un amateur. Mit Abb. Francf. 1856. Cart.

50 **Eximeno, A.** Dell' origine et delle regole della musica colla storia del suo progresso, decadenza e rinnovazione. Roma 1774. 4. Prgtbd.

51 **Fétis, M.** Curiosités histor. de la musique. Paris 1830. Hl.

52 **Fink, G. F.** Erste Wanderung der ältesten Tonkunst als Vorgesch. d. Musik. Mit 8 K. K. Essen 1831. Lwdb.

53 — — Wesen u. Geschichte d. Oper. Lpz. 1838. Pb.

54 **Fischhof, J.** Versuch e. Gesch. d. Clavierbaues. Wien 1853. Cart.

55 **Forkel, J. N.** Allgem. Geschichte der Musik. Mit Kupfer. 2 Bde. Lpz. 1788—1801. Hfrzbde.

56 **Fürstenau, M.** Beiträge zur Geschichte der Königl. Sächs. musikal. Kapelle. Dresd. 1849. Hl.

57 — — Z. Geschichte d. Orgelbaukunst in Sachsen. 1861. Cart.

58 — — Die Musik und das Theater in Dresden 1733—1763. (Berl. Echo 1858) 4. Pb.

59 — — Zur Geschichte der Musik u. d. Theaters am Hofe zu Dresden. 2 Bde. Dresd. 1861 —62. Pbde.

60 **Gardiner, W.** Music and friends; or, pleasant recollections of a Dilettante. 3 vols. London 1828—1853. Lwdbde.

61 **Gaspari, G.** La musica in Bologna. Milano s. a. Pb.

62 **Gleich, F.** Charakterbilder a. d. neuern Gesch. d. Tonkunst. 2 Bd. Lpz. 1863. Hl.

63 **Gluck, Mémoires** p. servir à l'histoire de la révolution opérée dans la musique. Naples, 1781. Ldrbd.

64 **Graedener, Replik** auf d. Vertheidigung d. Hamburger Bachgesellschaft gegen d. Angriffe d. Herrn Grädener von G. Armbrust. Hmb. 1856. Pb.

65 **Griepenkerl, W. R.** Die Oper der Gegenwart. Lpz. 1847.

66 **Gumprecht, Otto.** Musikal. Charakterbilder. Lpz. 1869. Hlbfzbd.

67 **Hawkins, J.** a general history of the science and practice of music. 2 vols. London 1853. Lwdbde.

68 **Heinse, Fr.** Reise- u. Lebens-Skizzen nebst dramaturg. Blättern. 2 Bde. Lpz. 1837—39. Pbde.

69 **Histoire** du théatre de l'opéra en france. 2 vols. Paris 1753. Hfr.

70 **Hogarth, G.** Memoirs of the opera in Italy, France, Germany and England. 2 vols. Lond. 1851. Lwdb.

71 **Husk, W. H.** Musical celebrations on St. Cecilia's day in the 16. 17. and 18. centuries. Lond. 1857. Lwd.

72 **Junker, C. L.** Zwanzig Componisten. Eine Skizze. Bern 1776. Pb.

73 **Kade, L. O.** Geschichtliche Nachricht ü. d. evang. Kirchengesang. Dresden 1850. Pb.

74 — — Mattheus le Maistre, Niederländ. Tonsetzer und Churfürstl. Sächs. Kapellmeister, geb. 15 . .. gest. 1577. Beitrag z. Musikgeschichte d. 16. Jahrh. Mainz 1862. Lex. 8. Hl.

Kiesewetter, R. G. Geschichte der Europäisch.-Abendländ. oder unserer heutigen Musik. 2. Aufl. Lpz. 1846. 4. Hl.

76 **Köchel, L. v.** Die Pflege der Musik am österreich. Hofe im XV.—XVIII. Jahrh. Wien 1866.

77 — — Die Kaiserl. Hofmusikkapelle in Wien 1543—1867. Wien 1869. Hfr.

78 **Krause, K. C. Fr.** Darstellungen a. d. Geschichte d. Musik. Gött. 1827. Pb.

79 **Laurencin, Graf.** Zur Geschichte der Kirchenmusik bei den Italienern u. Deutschen. Lpz. 1856. Pb.

80 **Lichtenstein.** Zur Geschichte der Sing-Akademie in Berlin. 1843. gr. 8, Hl.

81 **Lindner, E. O.** Die erste stehende deutsche Oper. Mit 18 musikal. Beilagen enth. 9 bisher ungedr. Compositt. v. **R. Keiser** in Partitur u. Clavierausz. 2 Bde. Berl. 1855. 8. u. 4. Pbde.

82 **Lipowsky, F. J.** Baierisches Musik-Lexikon. München 1811 Pb.

83 **Majer, A.** Discorso sulla origine progressi e stato attuale della musica ital. Padovo 1821. Hp.

84 **Mannstein, H.** Denkwürdigkeiten der Churf. u. Königl. Hofmusik zu Dresden. Lpz. 1863. Hl.

85 **Marpurg, F. W.** Krit. Einleitung i. d. Geschichte u. Lehrsätze d. alten u. neuen Musik. Mit Marpurg's Portrait. Berl. 1759. Hfr.

86 **Martini, G. B.** Storia della musica. 3 voll. Bologna 1757—81. Halprgtbde.

87 — — Memorie storiche. Nap. 1785. Hfr.

88 **Marx, A. B.** Die Musik d. 19. Jahrhunderts u. ihre Pflege. Lpz. 1855 Hl.

89 **Mattheson, Joh.** Grundlage einer Ehrenpforte, woran der tüchigsten Capellmeister, Componisten, Musikgelehrten, Tonkünstler etc. Leben, Werke, Verdienste etc. erscheinen sollen. Hamb. 1740. 4. Hp.

90 **Merle, J. T.** Sur l'état actuel de l'Opéra. Paris 1827. Pb.

91 **Mettenleiter, Dom.** Musikgeschichte der Stadt Regensburg. Rgsb. 1866. Hl.

92 — — Musikgeschichte d. Oberpfalz. Amberg 1867. Hl.

93 **Mosewius J. Th.** Die bresl. Sing-Akademie in den ersten 25 Jahren i. Bestehens. Bresl. 1850. Cart.

94 **Nägeli, Horst.** Ueber d. Verfall d. dramat. Gesangs in Deutschl. und Friedr. Schmitt. Lpz. 1864. Pb.

95 **Nottebohm, G.** Die Suite. Ein Beitrag z. Geschichte d. Claviermusik. (Monatschr. f. Theater u. Musik 1855—57) 4. Pb.

96 **Oelrichs, J. C. T.** Histor. Nachricht v. d. akadem. Würden i. d. Musik. Berl. 1752. Pb.

97 **Orloff, Gr. Comte.** Essai s. l'histoire d. l. musique en Italie. 2 vols. Paris 1822. Lwdb.

98 **Otto,** histor. Bemerk. über den Werth und die Schätzung der Musik. Dresd. 1841.

99 **Pabst, K. T.** Ueber eine im Jahre 1705 zu Arnstadt aufgeführte Operette. Arnst. 1846. 4. Pb.

100 **Parini, G.** Descrizione delle feste celebr. in Milano per le nozze delle L L Altezze Reali Ferdinando d'Austria e Maria Beatrice d'Este. Milano 1825. Hl.

101 **Parke W. T.** Musical Memoirs; comprising an account of the general state of music in England. 2 vols. Lond. 1830. Hl.
102 **Paul, Dr. O.** Geschichte d. Claviers. Lpz. 1868. Hb.
103 **Pfeiffer, A. F.** Ueb. d. Musik d. alt. Hebräer. Erl. 1779. 4. Pb.
104 **Pohl, R.** Die Tonkünstler-Versammlung zu Leipzig am 1.—4. Juni 1859. Lpz. 1859. Hl.
105 — — Zur Gesch. d. Glas-Harmonica. Wien 1862. Cart.
106 **Printz, W. C. v.** Histor. Beschreibung der edelen Sing- und Klingkunst. Mit Abb. Dresd. 1690. 4. Ldrbd.
107 **Regli, Fr.** Storia del Violino in Piemonte. Torino 1863. Hl.
108 **Reichardt, J. F.** Briefe eines Reisenden die Musik betreffend. 2 Bde. Frkf. 1774—76. Pb.
109 — — Vertraute Briefe aus Paris, geschrieben in den Jahren 1802 u. 1803. 3 Bde. Hmb. 1804. Hfr.
110 — — Vertraute Briefe geschr. auf e. Reise nach Wien u. d. Oesterr. Staaten 1808 u. 1809. 2 Bde. Amsterd. 1810. Hfr.
111 **Reissmann, Aug.** Allg. Geschichte der Musik. 3 Bde. München und Leipzig 1863—1864. Hlbfrzbde.
112 — — Das deutsche Lied in seiner historischen Entwicklung. Cassel 1861. Hl.
113 **Riehl, W. H.** Musikal. Charakterköpfe. Stuttg. 1853. Pb.
114 — — dasselbe. 2. verm. Aufl. 2 Bände. ib. 1857 —1860. Pb.
115 **Rudhart, F. M.** Geschichte der Oper am Hofe zu München. I. Die italiänische Oper 1654—1787. Freising 1865. Hl.
116 **Sandys and Forster.** The history of the violin and other instruments played on with the bow from the remotest times to the present. With Illustrations. London 1864. Lwdb.
117 **Schauer, J. K.** Geschichte d. bibl.-kirchl. Dicht- u. Tonkunst u. ihrer Werke. Jena 1850. Pb.
118 **Scheiben, J. A.** Vom Ursprunge u. Alter d. Musik. Altona 1754. Pb.
119 **Schletterer, H. M.** D. deutsche Singspiel v. seinen ersten Anfängen bis auf d. neueste Zeit. Augsb. 1863. Hfr.
120 **Schlüter, J.** Allgem. Geschichte der Musik. Lpz. 1863. Hl.
121 **Schneider, K. E.** Zur Periodisirung der Musikgeschichte. Lpz. 1863. Hl.
122 — — Das musikalische Lied in geschichtl. Entwickelung. 3 Bde. Lpz. 1863—65. Hl.
123 **Schneider, L.** Geschichte d. Oper u. des Kgl. Opernhauses zu Berlin. Berl. 1852. Hl.
124 **Schubiger, A.** Die Sängerschule St. Gallens vom 8. bis 12. Jahrh. Beitrag zur Gesanggesch. des Mittelalters. Mit vielen Facsimile u. Beispielen. Einsiedeln 1858. gr. 4. Hfr.
125 **Scriptorum de musica medii aevi** novam seriem a Gerbertina alteram ed. **E. de Coussemaker.** vols. I. II. III 1—5. 4. Paris 1864—68. 2 vols. Hfr. u. 5 Hefte.
126 **Scudo, P.** La musique en l'année 1862. Paris 1863. Hl.
127 **Stiftungsbrief d. Städel'schen Kunst-Instituts.** Frankf. 1817. 4.
128 **Stafford, M.** Histoire de la musique avec des notes p. Fétis. Paris 1832. Hl.

129 **Straeten, E. v. d.** La musique aux Pays-Bas avant le 19. siècle. I tome. Brux. 1867. Hl.
130 **Taubert, O.** Geschichte d. Pflege d. Musik in Torgau vom Ausg. d. 15. Jahrh. bis heute. Torg. 1868. 4. Pb.
131 **Tognetti, Fr.** Sui i progressi della musica in Bologna. Bol. 1819. 4. Pb.
132 **Villarosa, March. di.** Memorie dei compositori di musica del Regno di Napoli. Nap. 1840. 4. Ld.
133 **Vogler.** Ueber Choral- u. Kirchengesänge. Ein Beitr. z. Gesch. d. Tonkunst. München 1813. Pb.
134 **Weitzmann, C. F.** Geschichte des Septimen-Akkordes.· Berl. 1854. 4. Pb.
135 — — Geschichte des Clavierspiels und der Clavierliteratur. Stuttg. 1863. Hl.
136 **Wendt, A.** Ueber d. gegenw. Zeit und d. Musik in Deutschland. Gött. 1836. Hl.
137 **Winterfeld, C. v.** Der evangel. Kirchengesang u. s. Verhältniss z. Kunst d. Tonsatzes. 3 vols. 4. Lpz. 1843—47. Lwdbde.
138 — — Zur Geschichte heiliger Tonkunst. 2 Bände. Leipzig 1850—52. Pbde.
139 **Wolf, E. W.** Auch eine Reise, aber nur eine kleine musikalische. Weimar 1784.
140 **Wolzogen, A. Frh. v.** Ueber Theater u. Musik. Bresl. 1860. Pb.
141 **Youssoupoff, N.** Histoire d. l. musique en Russie. I. partie: musique sacrée avec de morceaux de chants d'église. Paris 1862. Lex. 8.
142 Die Leipziger Abonnementsconcerte 1853—54. (Aus dem Grenzboten 1854.) Pb.
143 Festfeier des Cäcilienvereins zu Frankfurt a/M. bei Gelegenheit s. 50jährigen Jubiläums. Frkf. 1868. Hl.
144 **Musikfest, Niederrheinisches.** Progr. und Textbücher 1825, 1855—58, 1860, 1862. — Becher, d. niederrheinische Musikfest ästhet. u. historisch betrachtet. Köln 1836.
145 Blätter d. Erinnerung an d. 50jähr. Dauer der Niederrhein. Musikfeste. Cöln 1868. Hl.
146 **Eisen, F. C.** Der Kölner Männergesang-Verein 1842—1852. Köln 1852. Hl.
147 **Hoplit.** Das Karlsruher Musikfest 1853.
148 Berichte des Gesammtvorstandes des Tonkünstler-Vereins zu Dresden 1857—1859. — Statuten d. Vereins. — Verzeichniss der 1854—1864 aufgeführten Musikbücher. — Catalog der Musikalien und Bücher.

Biographieen der Künstler und Besprechungen ihrer Werke.

149 **Adami, Andr.** Osservazioni per ben regolare il coro de i cantori della cappella pontificia. Mit Portraits (Kupferstiche) im Text. Roma 1711. 4. Ldrb.
150 **Clément, Fél.** Les musiciens célèbres depuis le XVI. siècle jusqu'à nos jours. Avec 47 portraits gravés. Paris 1868. Eleg. Hfr.
151 **Fétis, F. J.** Biographie universelle des musiciens et bibliographie générale de la musique. 8 vols. Brux. 1835—44. Hfrzbde.
152 — — Le même. Deuxième edition. 8 vols. Paris 1860—65. Hfrzbde.
153 Gallerie der berühmtesten Tonkünstler des 18. u. 19. Jahrh. 2 Bde. Erf. 1810. Pbde.
154 **Gerber, E. L.** Histor.-Biogr. Lexicon der Tonkünstler. 2 Bde. Lpz. 1790—92. Hfr.
155 — — Neues histor. biogr. Lexicon der Tonkünstler. 4 Bde. Lpz. 1812—14. Hfr.
156 **Hiller, J. A.** Lebensbeschreibungen berühmter Musikgelehrten u. Tonkünstler. Erster (einziger) Theil. Lpz. 1784. Pb.
157 **Hoffmann, C. J. A.** Die Tonkünstler Schlesiens. Bresl. 1830. Pb.
158 **Ledebur C., Freiherr v.** Toukünstler-Lexicon Berlins von d. ült. Zeiten bis a. d. Gegenwart. Berl. 1861. Hfr.
159 **Mizler L.** Musikal. Staarstecher in welchem rechtschaffener Musikverständiger Fehler bescheiden angemerkt etc. etc. Leipzig 1740. Pb.
160 **Museum berühmter Tonkünstler.** Hrsg. von C. A. Siebigke. II. Bd. Breslau 1801. Pb. Enthält die Biographieen von J. S. Bach, J. Haydn, W. G. Mozart, J. R. Zumsteeg, M. Clementi, F. W. Rust.
161 **Nohl, Ludw.** Musiker-Briefe. Von Gluck, Bach, Haydn, v. Weber und Mendelssohn. Nach den Originalen veröffentlicht. Lpz. 1867. Hlfrz.
162 — — Musikal. Skizzenbuch. Münch. 1866. Hl.
163 — — Neues Skizzenbuch. ib. 1869. Hl.
164 **Sowinski, A.** Les musiciens Polonais et Slaves anciens et modernes. Paris 1857. Lex. 8. Hl.
165 **Tonkünstlerlexicon,** Schlesisches. Hrsg. v. Kosmaly und Carlo. Bresl. 1847. Pb.

---

166 **Adam, A.** Souvenirs d'un musicien. 2. Ed. Par. 1860. Hl.
167 — — Derniers souvenirs d'un musicien. Par. 1859. Hl.
168 Angeloni, L. Sopra la vita, le opere ed il sapere di **Guido d'Arezzo.** Parigi 1811. Hl.
169 Kiesewetter, R. G. **Guido v. Arezzo.** Sein Leben u. Wirken. Lpz. 1840. 4. Pb.

170 Jouwin, B. **D. F. E. Auber** sa vie et ses oeuvres. Av. portr. Paris 1864. Hl.
171 Grosser, J. E. Lebensbeschreibung des **Johann Sebast. Bach.** Bresl. s. a.
172 Forkel, J. N. Ueb. **Joh. Seb. Bach's** Leben, Kunst u. Kunstwerke. Mit Portr. u. Kupfertaf. Lpz. 1802. 4.
173 Hilgenfeldt, C. L. **Joh. Seb. Bach's** Leben, Wirken u. Werke. Lpz. 1850. 4. Hl.
174 Schauer, J. K. **Joh. Seb. Bach's** Lebensbild. Jena 1850. Pb.
175 Bitter, C. H. **Joh. Seb. Bach.** 2 Bde. Berl. 1865. Hfrzbde.
176 Zwei Briefe von **Johann Seb. Bach.** (Berliner Musikzeitung Echo 1861). 4. Pb.
177 Franz, Rob. Mittheilungen über **Joh. Seb. Bach's** Magnificat. Halle 1863. Pb.
178 Grädener, C. G. P. **Bach** und die Hamb. Bach-Gesellschaft. Hamb. 1856. Pb.
179 Hauptmann, M. Erläuterungen zu **J. S. Bach's** Kunst der Fuge. Lpz. 1841. 4.
180 Lindner, O. **Joh. Seb. Bach's** Werke. Ausgabe d. Bach-Gesellschaft. I—VI. Artikel. Separatabdrücke a. e. Tageblatt. Pb.
181 Mosewius, Joh. Th. **Joh. Seb. Bach** in seinen Kirchen-Cantaten und Choralgesängen. Berl. 1845. fol. Hl.
182 — — — **Bach's** Matthäus-Passion. Mit Musik-Beilagen. Berl. 1852. fol. Hl.
183 — — Ueber **Bach's** Cantate »Liebster Gott wann werd' ich sterben«. Bresl. 1857. Pb.
184 Reissmann, A. Von **Bach** bis Wagner. Berl. 1861. Pb.
185 Bitter, C. H. **Carl Philipp Emanuel und Wilhelm Friedemann Bach** und deren Brüder. 2 Bde. Berl. 1868. M. Portraits. Hfr.

186

Ludwig van Beethoven's Briefe.
263 Briefe in authentischen Abschriften.
Ein grosser Theil dieser Briefe ist noch nicht publicirt.

187 Audley, A. **Beethoven**, sa vie et ses oeuvres. Paris 1857. Hl.
188 Lenz, W. de. **Beethoven** et ses trois styles. 2 vols. St. Petersb. 1852. Hlbfr.
189 — — **Beethoven.** E. Kunststudie. 5 Bde. Cassel 1855—60. Pbde.
190 Marx, A. B. **Ludwig van Beethoven.** Leben und Schaffen. 2 Bde. Berl. 1859. Hfrzbde.
191 — — Daselbe Werk. 2 Bände. Zweite umgearbeitete Auflage. Berl. 1863. Hfr.
192 Moscheles, J. The life of **Beethoven** including the correspondance with his friends. 2 vols. w. portr. Lond. 1841. Lwdbde.
193 Nohl, L. **Beethoven's** Leben. 2 Bde. Wien u. Lpz. 1864—67. Hfrzbde.
194 Schindler, A. Biographie v. **L. v. Beethoven.** Münst. 1840. Pb.

195 Schindler, A. **Beethoven** in Paris. Ein Nachtrag zur Biographie. ib. 1842. Pb.
196 — — Biographie v. L. v. **Beethoven.** Zweite m. 2 Nachträgen vermehrte Ausg. ib. 1845. Pb.
197 — — Dasselbe Werk. 3te neu bearb. und vermehrte Aufl. Münster 1860. 2 Bde. Hfrzb.
198 Schlosser, J. A. **Ludwig van Beethoven.** Eine Biographie. 2. Aufl. Augsb. 1844. Pb.
199 Thayer, A. W. L. van **Beethoven's** Leben. Erster (einziger) Band. Berl. 1866. Hfr.
200 Wegeler u. Ries. Biogr. Notizen üb. L. v. **Beethoven.** Mit d. Schattenriss des 16jährigen B. und mit lith. Brieffragmenten Cobl. 1838. Pb.
201 Wegeler. F. G. Nachtrag zu den biogr. Notizen über **Ludwig v. Beethoven.** Cobl. 1845. cart.
202 **Ludwig van Beethoven's** Biographie in's Holländische übersetzt nach Wegeler, Ries und Ridder v. Seyfried. Mit Portr. Leiden 1840. Pb.
203 Ungedruckte Briefe **Beethovens** mitgetheilt v. L. Nohl. (Aus den Illusr. Monatsheften.) Pb.
204 Briefe und neue Briefe **Beethovens.** Hrsg. v. L. Nohl. 2 Bde. Stuttg. 1865- 67. Hfrzbde.
205 Drei u. achtzig neu aufgefundene Originalbriefe **Beethovens** an den Erzherzog Rudolf. Hrsg. v. Dr. L. Ritter von Köchel. Wien 1865. Hl.
206 **Beethoven's** Briefe an Marie Gräfin Erdödy u. Mag. Brauchle. Hersg. v. Dr. Alfr. Schöne. Lpz. 1867. Dedications-Exemplar auf Schreibpapier. eleg. geb. m. Goldschnitt.
207 Alberti, C. E. R. **Ludwig van Beethoven** als dramat. Tondichter. Stettin 1859. Pb.
208 Anders, G. E. Détails biographiques sur **Beethoven.** Paris 1839. Cart.
209 Barbedette, H. **Beethoven.** Esquisse musicale. Par. 1859. Hl.
210 **Beethoven-Album.** Ein Gedenkbuch dankbarer Liebe u. Verehrung gestiftet u. beschrieben v. einem Vereine von Künstlern u. Kunstfreunden. Hersg. v. G. Schilling. Stuttg. 1846. Lex. 8. Hfr.
211 — — Fidelio. Nach Mittheill. v. Röckel u. Runge. (Gartenlaube 1868.) 4. Pb.
212 — — Symphonien nach ihrem idealen Gehalt. Von einem Kunstfreunde. Dresd. s. a.
213 Berlioz, H. Voyage musical en Allemagne et en Italie. Etude s. **Beethoven,** Gluck et Weber. 2 vls. Paris 1844. Hl.
214 Breidenstein, H. K. Festgabe zur Inauguration d. **Beethoven-**Monumentes. Mit Facsimilis u. Abb. Bonn 1845. 4.
215 — — Zur Jahresfeier der Inauguration d. **Beethoven-**Monumentes. M. Stahlst. Bonn 1846. 4. cart.
216 Elterlein, E. v. **Beethoven's** Clavier-Sonaten. Lpz. 1856. Pb.
217 — — **Beethovens** Symphonien. Dresd. 1858. Pb.
218 Erinnerungen an L. v. **Beethoven.** Enthaltend Biographie,

Geschichte des Monumentes, sein Portrait, Geburtshaus, Grabmal in Wien u. Monument in Bonn. Bonn 1845. Cart.
219 Griepenkerl, W. R. Das Musikfest u. d. **Beethovener**. 2. m. Einleitg. u. musikal. Zugabe von G. Meyerbeer verm. Ausg. Brnschw. 1841. Lwd.
220 (Heimsoeth, Fr.) Beschreibung v. **Beethoven's** missa solennis op. 123. Bonn 1845.
221 Jahn, Otto. **Beethoven** und die Ausgaben seiner Werke. Lpz. 1864. Hl.
222 Kanne, F. A. **Ludwig v. Beethoven's** Tod d. 26. März 1827. Wien. Pb.
223 Marx, A. B. Anleitung zum Vortrag **Beethoven**'scher Klavierwerke. Berl. 1863. Hl.
223a Nottebohm, G. Ein Skizzenbuch v. **Beethoven**. Lpz. gr. 8. Hl.
224 Oulibicheff, Al. **Beethoven**, ses critiques et ses glossateurs. Paris 1857. Lex. 8. Hfr.
225 Pachler, Dr. F. **Beethoven** und Marie Pachler-Koschak. Beiträge u. Berichtigungen. Berl. 1866. Pb.
226 Schindler, A. Für Verehrer und Studirende von **Beethoven's** Klaviermusik. Als Manuscript gedr. Frkf. 1849. Pb.
227 Pougin, A. **Bellini**, sa vie et ses oeuvres. av. portr. Par. 1868. Hl.
228 Autobiographie von **Franz Benda**. (Neue Berl. Musikzeitung 1856.) 4. Pb.
229 Rellstab, L. **Ludwig Berger**, ein Denkmal. Mit Portrait. Berl. 1846. Pb.
230 Griepenkerl, W. R. Ritter **Berlioz** in Braunschweig. Braunschweig 1843. Pb.
231 Picquot, L. Notice s. l. vie et les ouvrages de **Luigi Boccherini** suivie du catalogue de tous ses oeuvres. avec portraits. Paris 1851. Hl.
232 Ceru, A. Cenni intorno alla vita c le opere di **Luigi Boccherini**. Lucca 1864. cart.
233 Héquet, G. A. **Boieldieu** sa vie et ses oeuvres. av. portrait. Paris 1864. Hl.
234 Fölsing, J. Biographisches üb. **W. C. Briegel**. Darmst. 1853. cart.
235 Sacchi, Giov. Vita del **Carlo Broschi**. Vinegia 1784. 4. Pb.
236 Sonnleithner, L. v. **Katharina Cavalieri**. Eine biogr. Skizze. (Recensionen 1861.) 4. Pb.
237 Denne, Baron. **Cherubini**, sa vie, ses traveaux etc. Par. 1862. Hl.
238 Notice des manuscrits autographes de la musique composée par **Cherubini**. Paris 1843. Hl.
239 Picchianti, L. Notizie sulla vita e sulle opere di **Luigi Cherubini**. Mil. 1843. Hl.
240 Place, Ch. Biographie et analyse phrénologique de **Cherubini**. Paris 1842. cart.
241 Barbedette, H. **Chopin** essai de critique musicale. Par. 1861. Hl.
242 Liszt, F. F. **Chopin**. Lpz. 1852. Pb.
243 Saint - Étienne, S. Biographie de **Félicien David**. Marsaille 1845. cart.

244 Azevedo, Al. **F. David,** sa vie et son oeuvre. av. portrait. Paris 1863. Hl.

245 **Karl von Dittersdorf's** Lebensbeschreibung. Seinem Sohne in die Feder diktirt. Lpz. 1801. Pb.

246 Cicconetti, Fil. Vita di **Gaetano Donizetti.** av. portrait. Roma 1864. Hl.

247 Zelter K. F. **Karl Friedrich Christian Fasch.** Mit einem Bildnisse. Berl. 1801. 4.

248 Winterfeld, C. v. **Johannes Gabrielli** und sein Zeitalter. 2 Bde. 4. und 1 Bd. Tonwerke in folio. Berl. 1834. Ill.

249 Vita di **Lorenzo Gibelli.** Bologna 1830. Mit Portr. Hl.

250 Marx, A. B. **Gluck** und die Oper. 2 Bände. Berlin 1863. Elegante Hfrzbde.

251 Schmid, A. **Chr. W. Ritter von Gluck.** Dessen Leben u. tonkünstl. Wirken. Lpz. 1854. Hfr.

252 Riedel, F. J. Ueber d. Musik d. Ritters **C. v. Gluck** verschiedene Schriften. Wien 1775. Lwdb.

253 Riehl, W. H. **Gluck** als Liedercomponist. (Berl. Echo 1862.) 4. Pb.

254 Rudhardt, F. M. **Gluck** in Paris. Nach e. bisher uned. Manuscripte. Münch. 1864. Pb.

255 Siegmeier, J. G. Ueber den Ritter **Gluck** und seine Werke. Berl. 1837. Pb.

256 Etwas über **Gluckische** Musik u. die Oper Iphigenia in Tauris auf d. Berlin. Nationaltheater. Berl. 1795. Pb.

257 Hulst, F. v. Biographie de **Grétry.** av. portr. Liège 1842. Hl.

258 Leben des ber. Tonkünstlers **H. W. Gulden** nachher genannt G. E. Fiorino. Erster Theil. Berl. 1779. Pb.

259 Biographie d. **Adalbert Gyrowetz.** Mit Portr. Wien 1848. Lwdb.

260 Halévy, L. **F. Halévy** sa vie et ses oeuvres. avec portrait. Paris 1863. Hl.

261 Beulé, M. Notice sur la vie et les ouvrages de **M. F. Halévy.** Paris 1862. Pb.

262 Chrysander, Fr. **G. F. Händel.** I—III 1. Leipzig 1858—68. Hfrz. und cart.

263 Mattheson. **G. F. Händel's** Lebensbeschreibung nebst e. Verzeichnisse seiner Ausübungswerke und deren Beurtheilung; übersetzet, auch mit einigen Anmerkungen, absonderlich von den hamburg. Artikeln. Hamb. 1761. Hfrzbd.

264 Schoelcher, V. The life of **Handel.** London 1857. Lwdbd.

265 Baumgart, Dr. Die erste Aufführung des **Händelschen** Messias in Breslau im Jahre 1788. Bresl. 1861. cart.

266 Burney, Ch., an account of the musical performances in commemoration of **Handel.** London 1785. Mit Abb. Hfr.

267 — — Nachricht von **G. F. Händel's** Lebensumständen, übers. v. Eschenburg. Mit Kupfern. Berl. 1785. 4. Pb.

268 The **Handel** commemoration festival. M. Facsimile. Lond. 1859.

269 The great triennial **Handel** festival. Lond. 1862.

270 Förstemann, K. E. **G. F. Händel's** Stammbaum. Lpz. 1844. fol. cart.

271 Gervinus, G. G. **Händel** u. Shakspeare. Lpz. 1868. Hfr.

272 Bitter, C. H. Ueber Gervinus' **Händel** und Shakespeare.
Berl. 1869. cart.

273 Hiller. Ueber Gervinus' **Händel** u. Shakespeare. cart.

273a Hiller, J. A. Der Messias, in gesammelten Stellen der heil.
Schrift, in Musik geseszt von **George Friedrich Händel**. Nebst
angehängten Betrachtungen darüber, zur Ankündigung seiner
solennen Aufführung desselben in der Maria Magdalenakirche
zu Breslau, Freytags, den 30. Mai, 1788. Breslau 1788. cart.

274 — — Nachricht von der Aufführung des **Händel'**schen Messias in der Domkirche zu Berlin den 19. May 1786. Mit Hiller's Portrait. 4. Hfr.

275 Memoirs of the life of late **G. F. Handel**. With a catalogue
of his works, Lond. 1760. Ldrbd.

276 Reichardt, J. F. **G. F. Händel's** Jugend. Berl. 1785. cart.

277 Smith, J. C. Anecdotes of **G. F. Handel**. With portrait.
Lond. 1799. 4. Hl.

278 Kandler, F. S. Cenni storico-critici interno alla vita ed alle
opere del **Gio. Ad. Hasse**. Venez. 1820.

279 Paul, O. **Moritz Hauptmann**, eine Denkschrift. Lpz. 1862. Pb.

280
Joseph Haydn's Briefe.
63 Briefe und Billete in authentischer Abschrift.
Grösstentheils noch nicht publicirt.

281 **Haydn's** Tagebuch v. Jahr 1791 in London. **Abschrift.**
2 Bde. 8. Hl.

282 **Joseph Haydn**, seine kurze Biographie und ästhetische Darstellung seiner Werke. Bildungsbuch für junge Tonkünstler.
Erf. 1810. Pb.

283 Carpani, Gius. Le Haydine ovrero lettere su la vita e le opere
del celebre maestro **Giuseppe Haydn**. av. portr. Mil. 1812. Hl.

284 — — Dasselbe. Edizione seconda Padova 1823. Hl.

285 Dies, A. C. Biograph. Nachrichten von **Joseph Haydn**. Wien
1810. M. Portrait. Lwdb.

286 Griesinger, G. A. Biograph. Notizen über **Joseph Haydn**.
Lpz. 1810. Pb.

287 Vies de **Haydn**, de **Mozart** et de **Métastase**. Paris 1817. Pb.

288 **Joseph Haydn** und sein Bruder **Michael**. Zwei bio-bibliograph.
Künstlernotizen. Wien 1861. Hl.

289 J. **Haydn's** Nekrolog. Aus d. Vaterländ. Blättern für d. österr.
Kaiserstaat. Jahrg. 1810. **Abschrift.** 4. Pb.

290 Karajan, Th. G. von. J. **Haydn** in London 1791 und 92.
Wien 1861. Hl.

291 The Lives of **Haydn** and **Mozart** with observat. on Metastasio. Transl. fr. the french by L. A. C. Bombet. Lond. 1818. Hl.

292 Lorenz, F. **Haydn,** Mozart und Beethovens Kirchenmusik. Bresl. 1866. Hl.
293 Sauzay, E. **Haydn,** Mozart, Beethoven. Etude sur le quatuor. Par. 1861. Hl.
294 Schmid, Ant. **Jos. Haydn** u. Niccolò Zingarelli. Mit Musikbeilagen. Wien 1847. Lwdb.
295 Schnyder v. Wartensee. Aesthet. Betrachtungen üb. **Haydn's** Jahreszeiten. Frkfrt. 1856. Pb.
296 — — Aesthet. Betracht. über die Schöpfung von **J. Haydn.** Frkf. 1861. Pb.
297 Biograph. Skizze von **Michael Haydn.** Mit Portr. Salzb. 1808. Pb.
298 Jouvin, B. **Hérold** sa vie et ses oeuvres. Avec 2 portraits. Paris 1868. Lex. 8. Hl.
299 Alfieri, P. Notize biograf. di **Niccolò Jommelli.** Rom. 1845. Hl.
300 Reminiscences of **Michael Kelly,** of the King's Theatre and Theatre Royal Drury Lane. 2 vols. Lond. 1826. Hfr.
301 Hiller, F. **Josephine Lang,** die Liedercomponistin. (Kölner Zeitung 1867.) Pbd.
302 Delmotte, H. Notice biogr. s. **d'Orland de Lassus.** Av. Portr. Mons 1835. Hl.
303 — — Vorstehendes übers. und mit Anmerk. vers. von S. W. Dehn. Berl. 1837. Hl.
304 Ducancel, C. P. Mémoire p. **J. F. Lesueur.** Paris 1802. Pb.
305 Arnold, Y. v. **Fr. Liszt's** Oratorium »d. Legende von der h. Elisabeth« u. d. neue Musikrichtung. Lpz. 1868. Hl.
306 Brendel, Fr. **Franz Liszt** als Symphoniker. Lpz. 1859. Pb.
307 Rellstab, L. **Franz Liszt.** Beurth.-Berichte.-Lebensskizze. Berl. 1842. Pb.
308 Wagner, Rich. Ein Brief üb. **Fr. Liszt's** Symphon. Dichtungen. Lpz. 1857.
309 Zellner, L. A. Ueber **Fr. Liszt's** Graner Festmesse. Wien 1858. Pb.
310 **Lobe, J. C.** Aus d. Leben eines Musikers. Lpz. 1859. Pb. mit Goldschn.
311 Düringer, Ph. J. **Albert Lortzing** Leben u. Wirken. M. Portr. Lpz. 1851. Pb.
312 Gandolfo, G. Elogio di **Gio: Battista Martini.** Bologna 1813. cart.
313 **Marx, A. B.** Erinnerungen aus m. Leben. 2 Bde. Berl. 1865. Hl.
314 Canuti, Fil. Vita di **Stanisl. Mattei.** M. Port. Rom. 1829. Hl.
315 Ungewitter, Otto. **Joh Mattheson** ein Musiker mit »Zopf u. Schwert«. Lpz. 1868 Hl.
316 Pabst, J. Prolog zu **Méhul's** 100jähriger Geburtstagsfeier. Dresd. 1863. Pb.
317 **Mendelssohn-Bartholdy, Felix.** Briefe aus d. Jahren 1830—47. 2 Bde. Lpz. 1861—63. Hfrzbde.
318 Reissmann, A. **Felix Mendelssohn-Bartholdy.** Sein Leben u. seine Werke. Berl. 1867. Hl.
319 Devrient, E. Meine Erinnerungen an **Felix Mendelssohn-Bartholdy** und seine Briefe an mich. Lpz. 1869. Hfrzbd.
320 Marx, Therese. A. B. Marx' Verhältniss zu **Mendelssohn** in Bezug auf Devrient's Darstellung berichtigt. Lpz. 1869. Pb.

321 Lampadius, W. A. **Felix Mendelssohn Bartholdy.** Ein Denkmal f. s. Freunde. Lpz. 1848. Hl.
322 Selden, Cam. La musiq. Allemagne. **Mendelssohn.** Par. 1867. Hl.
323 Ueber d. Oratorium Paulus v. **Felix Mendelssohn-Bartholdy.** Halle 1839. Pb.
324 Jahn, Otto. Ueber **F. Mendelssohn-Bartholdy's** Oratorium Paulus. Kiel 1842. Pb.
325 Zander, Fr. Ueber **Mendelssohn's** Walpurgisnacht. Königsberg 1862.
326 Blaze de Bury, H. **Meyerbeer,** sa vie, ses oeuvres et son temps. Av. portr. Paris 1865. Hl.
327 Mendel, H. **Giacomo Meyerbeer.** Eine Biographie. Berl. 1868. Lex. 8. Hl.
328 Lindner, E. O. **Meyerbeer's** Prophet als Kunstwerk. Berlin 1850. Pb.
329 Schladebach, J. **Meyerbeer's** Prophet. Ein kritisch. Versuch. Dresd. 1850. Pb.
330 Castil-Blaze. **Molière** musicien et sur l'harmonie de la langue française. 2 vls. Paris 1852. Hl.
331 Sonnleithner, L. v. **Simon Molitor.** Biogr. Skizze. (Recensionen, Wien 1864.) 4. Pb.
332 Erinnerungen an **E. Th. Mosewius.** Bresl. 1859. Cart.

W. A. Mozart.
333
Mozartische Correspondenz.

I. Leopold u. Wolfgang. 1762—1775. II. Leopold Mozart. 1777—1787. III. Wolfgang Mozart. 1777—1787.
IV. Wolfgang Mozart. Miscellen.

In 4 Kapseln (Halbleder mit Schliessen) aufbewahrt.

Getreue, sehr schön und deutlich geschriebene Copieen aller Mozartischen Correspondenzen, deren Otto Jahn in der Vorrede seiner Mozart-Biographie erwähnt, und welche zum Theil in letzterer abgedruckt sind.

334 Jahn, Otto. **W. A. Mozart.** 4 Bde. Lpz. 1856—59. Cart.
Das Exemplar ist vollständig durchcorrigirt, mit eingeklebten Briefen und zahlreichen Notizen von **L. v. Sonnleithner** versehen.
335 — — Dasselbe. I. Bd. 2. Auflage. Lpz. 1856. cart.
336 — — W. A. Mozart. Zweite durchaus umgearbeitete Aufl. in zwei Theilen. Lpz. 1867.
Exempl. auf Schreibpap., unbeschnitten. Hlbfrzbde.
337 — — **W. A. Mozart.** In's Schwedische übers. v. O. Strandberg. 2 Bde. Stockholm 1865. Hlbfrzbd.
338 — — **W. A. Mozart.** Besprechung i. d. Preuss. Jahrbüchern Bd. VI. cart.

339 **Jahn, Otto. W. A. Mozart.** Recension des Werkes i. d. Revue Germanique. Hl.
340 Biographie des **Joh. Chrysost. Wolfgang Gottlieb Mozart.** Aus Sonnleithner's Wiener Theater-Almanach f. d. Jahr 1794. **Abschrift.** Pb.
341 Biograpie v. **W. A. Mozart.** (21. und 22. Neujahrsstück der allgem. Musikgesellsch. zu Zürich.) 2 Thle. in 1 Bde. Zürich 1832—33. 4. Hl. Mit interessanten Stahlstichen. Am Schlusse Mozart's Wiegenlied.
342 Döring, H. **Mozart's** Biographie u. Charakteristik. gr. 4. Wolfenb. s. a. Pb.
343 Goschler, J. **Mozart.** Vie d'un Artiste chrétien au XVIII siècle. Paris 1857. Pb.
344 — —- **Mozart.** Vie d'un artiste chrétien au 18 siécle. (Revue et Gazette musicale de Paris 1859.) 4. Pb.
345 Holmes, Edw. The life of **Mozart** incl. his correspondence. Lond. 1845. Lwdb.
346 Lichtenthal, P. Cenni Biografici intorno al celebre maestro **W. A. Mozart.** Mil. 1816. Pb.
347 **Mozart's** Geist. Seine Biographie u. Darstellung seiner Werke. Mit Portr. Erf. 1803. Pb.
348 **Mozart's** Leben. Grätz 1794. M. Portr.
349 **Mozart's** Leben u. Wirken in kurzen Umriss. Salzb. 1842. Cart.
350 Niemtschek, Fr. Leben des K. K. Kapellmeisters **Wolfgang Gottlieb Mozart.** Prag 1798. 4. Hl.
351 Nemetschek, F. X. Lebensbeschreibung des K. K. Kapellmeisters **W. A. Mozart** aus Originalquellen. 2. Aufl. Prag 1868. Hfr.
352 Nissen, G. M. v. Biographie **W. A. Mozart's.** Hersg. v. Constanze, Wittwe v. Nissen, früher Wtw. Mozart. Lpz. 1828. Pb.
     Das Exempl. enthält, namentlich in den Briefen Mozart's zahlreiche Correcturen von der Hand Otto Jahns.
353 — — Dasselbe Werk. Pb.
354 Nohl, L. **Mozart.** Mit Portr. u. Notenbeig. Stuttg. 1863. Hfrzbd.
355 — — **Mozart's Briefe.** Nach den Originalen herausgegeben. M. Facsimile. Salzb. 1865. Hfr.
356 Oulibicheff, A. Nouvelle biographie de **Mozart.** 3 vols. Moscau 1843. Eleg. Hlbfrzbd.
357 — — **Mozart's** Leben; deutsch von Schraishuon. 3 Bände. Stuttg. 1847. Lwd.
358 — — **Mozart's** Leben und Werke. 4 Bde. Stuttg. 1859. Hl.
359 Schlosser, J. A. **W. A. Mozart's** Biographie. 3te Aufl. Augsburg 1844. Pb.
360 Rau, H. **Mozart.** Ein Künstlerleben.. Culturhistor. Roman. 6 Bde. Frkfrt. 1858. Pbde.
361 Pillwein, B. Lexikon Salzburgischer Künstler. Salzburg 1821. 8. Pb. (Enthält längere Artikel ü. **Mozart.**)
362 Alberti, C. E. R. Raphael u. **Mozart.** Eine Parallele. Stett. 1856.
363 Biographieen Salzburger Tonkünstler. Salzb. 1845.

364 Il cavaliere filarmonico. Mit Holzschn. Illustrirtes Familien-
buch 1852.) 4. Pb.
365 Ueber **Mozart's** Cosi fan tutte. (aus der Sächsischen Constit.
Zeitung.) Pb.
366 Ein deutsches Textbuch zu **Mozart's** Così fan tute. (Morgenblatt 1856.) 4. Pb.
367 Cramer, C. F. Anecdotes sur **W. G. Mozart.** Paris 1801. Pb.
368 **Gugler.** Sind im 2. Finale des Don Juan die Posaunen von
Mozart. (Leipz. allgem. musikal. Ztg. 1867.) 4. Pb.
369 — — B. v. Zweifelhafte Stellen im Manuscript der Don-
Juan Partitur. (Leipz. allgem. musikal. Zeitung 1866). 4 Pb.
370 Sonnleithner, L v. Zur Don Juan-Literatur. (Recensionen
1860.) Pb.
371 Swanzow, C. Don Juan-Bibliographie. 4. Pb. Mit der Dedication:
dem unvergleichlichen Mozart-Biographen Dr. Otto Jahn von
C. Swanzow.
372 Ueber d. Scenirung d. Don Jnan im K. K. Hofoperntheater.
(Wiener Ztg. 1866.) Pb.
373 Viardot, L. Manuscript autographe du Don Giovanni de
Mozart. (Extr. d. l'Illustration.) Paris s. a. 12 Pb.
374 Wolzogen, A. v. Don Juan v. **Mozart.** Neu scenirt. (Textbuch.)
Breslau, s. a. Pb.
375 Zur Oper Don Juan. Controversfragen bezügl. d. Darstellung
auf der Bühne. (Morgenblatt 1865.) 4. Pb.
376 Ella, J. Record of the musical union 1865. With an engra-
ving of **Mozart.** Lond. 1866. Cart.
377 Escudier. Une trouvaille a propos de l'apothéose de **Mozart.**
(La France musicale. 1857.) 4. Pb.
378 Aus der Original-Partitur zu „Figaro's Hochzeit". — (Neue
Zeitschr. f. Musik 1851.) 4. Pb.
379 Fournier, Ed. **Mozart** à Paris. (Revue Franç.) 1856. Pb.
380 Jahresbericht 1—10 des Dom-Musikvereins und **Mozarteums**
zu Salzburg. 1843—1867. Statuten d. Vereins 1841 u. 1861.
381 **Mozart's** Idomeneo. Ein Vorwort zur ersten Aufführung
dieser Oper in Dresden. s. a. Pb.
382 Zwei eingewurzelte Druckfehler. „Iphigenie in Tauris" u.
„Così fan tutte". (Lpz. allgem. musikal. Zeitung 1866.) 4. Pb.
383 Köchel, L. Ritter v. **Mozart.** Canzonen zu s. Säcularfeier.
1856. Salzburg. Pb.
384 Die Säkularfeier d. Geburt **Mozart's** in Salzburg 1856. Pb.
385 Gesammtchöre der Gesangaufführung d. Liedertafeln beim
Mozart-Säkularfeste am 8. Septbr. 1856. Pb.
386 In Sachen **Mozart's.** Wien. 1851. Cart.
387 Köchel, L. Ritter v. Ueber den Umfang d. musical. Produc-
tivität **W. A. Mozart's.** Salzb. 1862. Cart.
388 **Lorenz, Fr. W. A. Mozart** als Clavier-Componist. Breslau
1866. Ill.
389 Lucam, J. Ritter v. Die Grabesfrage **Mozarts.** m. Portr. u.
Grabm. Wien 1856. Ill.
390 Maurerrede auf **Mozart's** Tod. Wien 1792. Cart.

391 Mielichhofer, L. Das **Mozart**-Denkmal in Salzburg u. dessen
Enth. im Sept. 1842. Salzb. 1843. Mit Abb. Hl.
392 Mörike, E. **Mozart** auf der Reise nach Prag. Stuttg. 1856. Hl.
393 **Mozart-Album.** Festgabe z. Mozart's 100jährigem Geburtstage.
Mit Litogr. u. Musikbeilagen. Hamb. 1856. 4. Hl.
394 **Mozart** u. **Haydn.** Nachtr. z. ihren Biographieen. Bildungsbuch
f. junge Tonkünstler. Erf. 1810.
395 **Mozarts**-Feier. Darmst. 1837. Pb.
396 Nohl, L. **W. A. Mozart.** Ein Beitrag z. Aesthetik d. Tonkunst.
Hdlb. 1860. Hl.
397 Oulibicheff, A. **Mozart's** Opern. Kritische Erläuterungen. A.
d. Franz. v. Kossmaly mit Einl. v. Kahlert. Lpz. 1848. Pb.
398 Pohl, C. F. **Mozart** u. **Haydn** i. Lond. 2 Bde. Wien 1867. Hfr.
399 Rellstab, L. Die Gestaltung der Oper seit **Mozart.** (A. d.
Grenzboten 1857.) Cart.
400 Wahre u. ausführl. Geschichte des **Requiem** von **W. A. Mozart.**
Vom Entstehen desselben im Jahre 1791 bis zur gegenwärtigen
Zeit 1839. Von Anton Herzog, Kreis-Haupt-Schul-Director
und Chorregent in Wiener Neustadt. **Abschrift.** 4. Pb.
401 Hahn, Alb. **Mozart's Requiem.** Z. bessern Verst. bei Auffüh-
rungen. Bielef. 1867. 36 pag.
402 — — dasselbe, mit Vorwort z. Nachtrag. ib 1867. 94 pag. Hl.
403 Köchel, L. v. **Mozart's Requiem.** Nachlese z. d. Forschungen
über dessen Entstehen. (Recensionen. Wien 1864.) 4. Pb.
404 Mosel, J. F. Edl. v. Ueber d. Original-Partitur des **Requiem**
v. **W. A. Mozart.** Wien 1839. Cart.
405 Sievers, G. L. P. **Mozart** u. Süssmayer ein neues Plagiat,
ersterm z. Last gelegt und eine neue Vermuthung der Entstehung des **Requiems** betr. Mainz 1829. Pb.
406 Stadler, Vertheid. d. Echtheit d. **Mozartischen Requiem.** Wien
1826. Pb.
407 Die Säkularfeier d. Geburt **Mozarts** in Salzburg 1856. Pb.
408 **Mozart**-Säkularfest am 6. 7. 8. u. 9. Septbr. 1856 in Salzb.
Programm und Textbuch. Hl.
409 — — dasselbe. Programm allein. Pb.
410 **Mozart's** Sterbehaus. Zur Feier des 100jähr. Geburtstages
herausgegeben. Wien 1856. Mit Abb. Pb.
411 Hirsch. R. **Mozart's** Schauspieldirektor Musikal. Reminiscenzen.
Lpz. 1859. Hfr.
412 Sonnleithner, Dr. L. Ein neu aufgefundenes Original-Portrait
Mozart's. (Blätter f. Musik 1857.) 4. Pb.
413 Sonnleithner, L. v. **Mozartiana** II—IV. (Recensionen. Wien
1865.) 4. Pbde.
414 v. Wolzogen, A., Zur **Mozart**-Biographie. (Recensionen
1865.) 4. Pb.
415 — — Ueber d. scen. Darstellung v. **Mozart's** Don Giovanni.
Breslau 1860. Hl.
416 Wurzbach, Dr. C. v. **Mozart**-Buch. Wien 1869. Hl.
417 Die Entstehung der Zauberflöte. (Monatschr. für Theater und
Musik 1857.) 4. Pb.

418 Nohl, L., die Zauberflöte. Frankfurt 1862. Hl.
419 Schnyder v. Wartensee, Notizen über die Zauberflöte v. **Mozart**.
(N. Žeitschr. für Musik 1856.) 4. Pb.
420 Die Zauberflöte. Texterläuterungen für alle Verehrer **Mozart's**.
Leipzig 1866. Hl.

---

421 Zwei Briefe von **Mozart's Vater**. (Hamb. Literar. Blätter
1856.) 4. Pb.
422 Des Sächs. Kapellmeisters **Naumann's** Leben. Mit Portr.
Dresden 1841. Pb.
423 Meissner, A. G. Bruchstücke zur Biographie **J. G. Naumann's**.
2 Bde. Prag 1803. Pb.
424 Mendel, H. **Otto Nicolai**. Eine Biographie. Berlin 1868. Hl.
425 Schottky, J. M. **Paganini's** Leben und Treiben als Künstler
und als Mensch. Mit Portr. Prag 1830. Pb.
426 Conestabile, Giancarlo, vita di **Niccoló Paganini**. Av. Portr.
Perugia 1851. Hl.
427 Baini, Gius., memorie storico-critiche della vita e delle opere
G. P. da Palaestrina. 2 vols. Roma 1828. 4. Hfrzbde.
428 Kandler, Leben und Werke **Palaestrina's**. Lpz. 1834. Pb.
429 Villarosa, marchese di, Lettera biografica intorno alla patria
ed alla vita di **Gio: Battista Pergolese**. Nap. 1831. Pb.
430 Allen, G. The life of **Philidor** musician and chess-player.
Philadelphia 1863. Large Paper copy. Hfr.
431 Ginguené, P. L., notice s. l. vie et les ouvrages de **Nicol.
Piccinni**. Paris, an IX. cart.
432 Laderchi, Cam. Notizio biogr. intorno ad **Alesso Pratti**. Ferrara 1825. Hl.
433 Gotthold, F. A., des Fürsten **Radziwill** Compositionen zu Göthe's Faust. Kgsb. 1841. Pb.
434 Schletterer, H. M., **Joh. Fr. Reichardt**. Sein Leben und seine
musikalische Thätigkeit. Augsburg 1865. Hfr.
435. Brandt, M. G. W. Leben der **Luise Reichardt**. 2. Aufl.
Basel 1865. Hl.
436 Fölsing, J. Züge aus dem Leben und Wirken des Dr. **Chr.
H. Rinck**. Erfurt 1848. Pb.
437 Azevedo, A. G. **Rossini** sa vie et ses oeuvres. Paris 1864.
Lex 8. av. portr. et autographes. Hl.
438 Stendhal, vie de **Rossini**. Ornée des portraits de Rossini et
. Mozart. 2. éd. Paris 1824. Hl.
439 Wendt, A., **Rossini's** Leben u. Treiben, m. Portr. Lpz. 1824. Pb.
440 Carpani, Gius., sul Tancredi di **Rossini**. Mil. 1818. Pb.
441 Carpani, Gius., Le **Rossiniane** ossia lettere musico teatrali.
Padova 1824. Hl.
442 Delaire, J. A., Observations au sujet du Stabat de **M. Rossini**.
Paris 1842. Pb.
443 **Rust, Fr. Wilhelm**, nebst einer kurzen Darstellung seines Lebens und seiner Manier. 1801. s. l. Pb.

443a Mosel, J. F. Edler v. Leben und Werke **Anton Salieri's.** Wien 1827. Pb.

444 Kempe Fr., **Friedrich Schneider** als Mensch und Künstler, mit Portr. und Abb. Dessau 1859. Pb.

445 Kreissle, H. v. **Franz Schubert.** Eine biographische Skizze. Wien 1861. Hl.

446 — — **Franz Schubert,** mit Portr. Wien 1865. Hfr.

447 Reissmann, A. **Robert Schumann** sein Leben und sein Werke. Berlin 1865. Hl.

448 Wasielewsky, **Robert Schumann.** Eine Biographie, mit Medaillon. Dresden 1858. Hl.

449 — — **Robert Schumann.** Eine Biographie. 2. Aufl. Dresden 1869. Hl.

450 Gottschald, E. **Rob. Schumann's** 2. Symphonie. Lpz. 1850. Pb.

451 Laurincin, F. P., Das Paradies u. d. Peri von **R. Schumann** erläutert. Leipzig 1859. 4. Pb.

452 Pohl, C. F., **Simon Sechter's** Biographie. Wien 1868. Pb.

453 **Louis Spohr's** Selbstbiographie. 2 Bde., mit Portr. Cassel 1860—61. Hfr.

454 Malibran, A. **Louis Spohr's** Leben und Wirken, mit Portr. Frankfurt 1860. Pb.

455 **Spohr's** Jubelfest im Januar 1847. Cassel 1847. Pb.

456 Raoul-Rochette, Notice historique s. l. vie et les ouvrages de **Spontini.** Paris 1852. 4. Pb.

457 **Spontini** in Deutschland oder unpartheiische Würdigung seiner Leistungen. Leipzig 1830. Pb.

458 Mosel, J. F. v. Nekrolog **Abbe Maximil. Stadlers.** Wien 1864.

459 Catelani, A., delle opere di **Alessandro Stradella.** Modena 1866. gr. 4. Pb.

460 Fétis, J. F. **Antoine Stradivari.** Paris 1856 Hl.

461 Elogi di **Gius. Tartini** e Fr. A. Valloiti. Padova 1792. Pb.

462 Baumstark, E. **Ant. Fr. Justus Thibaut.** Lpz. 1841. Pb.

463 Basevi, A., studio sulle opere di **Giuseppe Verdi.** Fir. 1859. Hl.

464 **Vogler, Abt G. J.** Ein Lebensbild. Darmst. 1867. Pb.

465 Fröhlich, J. Biographie des grossen Tonkünstlers Abt **G. J. Vogler.** Mit Portr. Wrzb. 1845. Pb.

466 Gasperini, A. de. **Richard Wagner.** Avec portr. Paris 1866. Hl.

467 **Wagner, Rich.,** Eine Biographie. M. Portr. 12. Cassel 1811. Pb.

468 Baudelaire, Ch. **Richard Wagner** et Tannhauser à Paris. Paris 1861. Hl.

469 Besprechung d. Tannhäuser. A. d. Grenzboten. 1853. Pb.

470 Bülow, H. v. Ueber **R. Wagner's** Faust-Ouverture. Leipzig 1860. cart.

471 Gotthold, F. A. Ueber **Wagner's** Tannhäuser und seine erste Aufführung in Königsberg. Kgsb. 1811. Pb.

472 Hinrichs, Fr. **Rich. Wagner** u. d. neuere Musik. Halle 1854. Hl.

473 Liszt, Fr. Lohengrin et Tannhäuser p. **R. Wagner.** Lpz. 1811. Hl.

474 Müller, Fr. Ueber **R. Wagner's** Tannhäuser und Sängerkrieg auf der Wartburg. Weimar 1813. Pb.

475 — — **Richard Wagner** u. d. Musik-Drama. Lpz. 1861. Pb.

476 Raff, Joach., die **Wagnerfrage.** I. Wagner's letzte Künstler. Kundgebung im Lohengrin. Brnschw. 1854. Pb.
477 Schelle, E. Der Tannhäuser in Paris und der dritte musikal. Krieg. Lpz. 1861. Pb.
478 Tannhäuser oder die Keilerei auf der Wartburg. Parodie. Hoyerswerda s. a. Pb.
479 **Wagner's** Lohengrin, Besprechung in den Grenzboten 1854.
480 **Wagner, R.** Tristan u. Isolde. Besprech. i. Morgenblatt 1859. 4.
481 — — Zwei Briefe. Leipzig 1852.
482 — — Zukunftsmusik. Briefe an einen französischen Freund. Leipzig 1861. Pb.
483 Weber, Maria v. **Carl Maria v. Weber.** Ein Lebensbild. 3 Bde. Leipzig 1864—66. Mit Portr. Hfrzbde.
484 Bötzen, J. M., der Welt-Berühmte Musicus und Organista. Stand-Rede b. d. Beerdigung A. **Werckmeisters.** 1707. 4. s. l. Pb.
485 Caffi, Fr., della vita e delle opere del prete **Gioseffo Zarlino.** Mit 1 Abb. Venez. 1836. Pb.
486 Rintel, Dr. W. **Carl Friedrich Zelter.** Eine Lebensbeschreibung. Berlin 1861. Hl.
487 Liberatore, A. Necrologia di **Niccolo Zingarelli.** M. Portr. 1837. Hl.
488 Santangello, N., componimenti recitati in occas. della inaugurazione del ritratto del cavaliere **N. Zingarelli.** Nap. 1835. Pb.
489 Müller, A. W., Aus des Lieder-Componisten **Andreas Zöllner** Leben und Streben. Magdeb. 1862. Pb.

Theoretische Werke älterer und neuerer Zeit.

Aesthetik und Philosophie der Tonkunst.

Anleitung zur musikalischen Technik etc.

490 **Adelburg A. v.,** Zrinyi. (Aesthet. Rundschau. Wien 1867). 4. Pb.
491 **Adlung, Jac.** Anleitung zur musikal. Gelahrtheit. Mit Kupf. u. Vorrede v. J. E. Bach. Erf. 1758. Hfr.
492 — — Anleitung zur musikal. Gelahrtheit. 2. Aufl. bcs. v. J. A. Hiller. Dresd. 1783. Ldrbd.
493 **Agricola J. F.,** Anleitung zur Singkunst a. d. Italien. des P. F. Tosi. Berlin 1757. 4. Hfr.
494 **Albrechtsberger, J. G.** Sämmtl. Schriften hrsg. v. J. Ritter v. Seyfried. 3 Bde. 2. Aufl. Mit Notenbeispielen und Portr. Wien 1837. Hfr.
495 **d'Alembert,** systemat. Einleitung i. d. musikal. Setzkunst, n. d. Lehrsätzen Rameau's, mit Anm. v. Marpurg, Lpz. 1757. 4. Pb.
496 — — Élemens de musique théor. et prat. suivant les principes de Rameau. Lyon 1762. Pb.

497 **Algarotti, F.** Saggio sopra l'opera in musica, Livorno 1763. Hfr.
498 **Altenburg, J. E.** Anleitung zur heroisch-musikal. Trompeter-
und Pauker-Kunst. 2 Thle. 4. Halle 1795. cart.
499 **Ambros, A. W.** Die Gränzen d. Musik u. Poesie. Prag 1856. Pb.
500 — — Die Lehre vom Quintenverbote. Lpz. s. a. Pb.
501 **Andre, L. C.** Schreiben an einen Freund ü. d. musikal. Drama
Thirza und ihre Söhne. Eisenach 1783. Pb.
502 **Antony, Jos.** Archäolog.-liturgisches Lehrbuch d. Gregorian.
Kirchengesanges. Münster 1829. 4. Hfr.
503 **Apligny,** Traité s. l. musique. Paris 1729. Pb.
504 **Arnold, Y. v.** Der Einfluss des Zeitgeistes a. d. Entw. der
Tonkunst. Leipzig 1867. Hl.
505 **Avison, Ch.** An essay on musical expression. Lond. 1753. Ldrbd.
506 **Bach, C. P. E.** Versuch über die wahre Art das Clavier zu
spielen. 3. Aufl. Leipzig 1787. 4. Pb.
507 **Bagge, S.** Gedanken und Ansichten über Musik und Musik-
zustände. Wien 1860. Pb.
508 **Baron, E. G.** Untersuchung des Instrumentes der Lauten.
Nürnberg 1727. Mit Portr. gest. v. Stör. Ldbd.
509 **Baumann, Fr.** Die Ausbildung der Kehle zum Instrument.
Leipzig 1859. Pb.
510 **Beauquier, Ch.** Philosophie de la musique. Paris 1865. Hl.
511 **Becker, Th.** Chorgesang und Gemeindegesang bei evangeli-
schem Gottesdienst. Darmst. s. a. cart.
512 **Beerens, Joh.** Musicalische Discurse nebst Anhang: d. musical.
Krieg zw. d. Composition u. d. Harmonie. Nürnb. 1719. Hfr.
513 **Beethoven, L. v.** Studien im Generalbasse, Contrapuncte
und in der Compositionsl., herausg. von J. Ritter v. Seyfried.
Wien 1832. Pb.
514 — — Dasselbe. 2. Aufl. Hamb. 1853. Lwbd.
515 **Beiträge,** prakt. zu dem Elementarbuch der Tonkunst.
Speier 1782. 4. Pb.
516 **Bellermann, H.,** die Mensularnoten und Taktzeichen des XV.
und XVI. Jahrhunderts. Berlin 1858. 4. Hfr. Mit Dedication des Verfassers.
517 — — Der Contrapunct oder Anleitung zur Stimmführung in
der musikal. Composition. Berlin 1862. Hfr.
518 — ·· Ueber die Entwicklung der mehrstimmigen Musik.
Berlin 1867. Pb.
519 **Bemerkungen,** Psycholog. zur Tonlehre. 1811. Pb.
520 **Berlioz, H.** Les soirées de l'Orchestre. Paris 1854. Hl.
521 — — Les grotesques de la musique. Paris 1859. Hl.
522 — — A travers chants. Études musicales, adorations, bou-
tades et critiques. Paris 1862. Hl.
523 — — Instrumentationslehre, mit 70 Notentafeln. Lpz. 1864.
2 Bde. 8. und folio. Hl.
524 **Bernays, M.** Verbindender Text für Beethoven's Musik zu
Goethe's Egmont. Leipzig 1864. Pb.
525 **Berton, H.** de la musique mécan. et de la musique philos. cart.
526 **Bertuch, G.** Disputatio de eo quod justum est, circa lu-

dos scenicos operasque modernas, dictas vulo OPEREN.
Kiloni 1693. 4. Pb.
527 **Biedenfeld, Freih.** v. Die kom. Oper der Italiener, Franzosen
und Deutschen. Leipzig 1848. Pb.
528 **Bonanni, Fil.** Cabinetto armonico, mit 177 Kupfertafeln.
Roma 1723. 4. Prgtb.
529 **Bononcini, G. M.**, musico prattico che breuemente dimostra
etc. Bologna 1673. 4. Hfr.
530 **Braegelmann, B.**, de scala musica. Bonn 1864. Pb.
531 **Bridi, Gius.** Brevi notizie int. alcuni composit. di musica.
Rovereto 1827. Pb.
532 Briefe, musikal. v. e. Wohlbekannten. 2 Bde. Lpz. 1852. Hl.
533 — — ü. Musikwesen bes. Cora in Halle. Quedlinburg 1781. Pb.
534 **Broadwood**, list of pianofortes at the international exhibition.
London 1862. Mit Abb. Lwdb.
535 **Bronsart, H.** v., musikal. Pflichten. Leipzig 1858. cart.
536 **Brown, John.** Letters upon the poetry and music of the italian opera. Edinb. 1789. Pb.
537 **Buttstett, J. H.**, ʊᵗ ᵐⁱ ᵐ¹ ⁿᵒ¹ Tota musica et harmonia aeterna,
oder neu - eröffnetes, altes, wahres, einziges, und ewiges
fundamentum musices, entgegengesetzt dem neu - eröffneten
orchestre. etc. etc. Erfurt s. a. 4. Ldrbd.
538 **Calsabigi**, Lettera a. s. e. il sig. conte Alessandro Pepoli.
s. l. et a. Pb.
539 **De la Cepède**, (comte). La poëtique de la musique. 2 vols.
Paris. De l'imprimerie de monsieur 1785. Halbfrzbde.
540 Ceremoniel und Privilegia derer Trompeter und Paucker.
Dresden 1650. kl. 8. Pb.
541 **Chiflet, Ioa.** Aula sacra principum Belgii. Antv. Plant.
1650. 4. Pb.
542 **Choquel**, la musique rendue sensible par la méchanique.
Paris 1787. Pb.
543 **Chrysander, Fr.** Ueber die Moll-Tonart in den Volksgesängen
und über das Oratorium. Schwerin 1853. Hl.
544 **Cler, A.**, physiologie d'un musicien. Vignettes p. Daumier,
Gavarni, etc. Paris, s. a. 16. Pb.
545 Ein musikalisch anatomisch **Concert** darin angezeiget wird,
wo, und wie, ein jeder Musiker mit Vergleichung der Theile
des menschlichen Körpers seinen Sitz hat. 1782. s. l. Pb.
546 **Cornet, J.** Die Oper in Deutschland und das Theater der
Neuzeit. Hamburg 1849. Hfr.
547 **Cotala** (Kunst-Pfeiffer-Gesell). Der wohlgeplagte doch nicht
verzagte Musikus instrumentalis. s. l. 1772. Pb.
548 **Dehn, S. W.** Theoret.-prakt. Harmonielehre. Berlin 1840. Pb.
549 — — Lehre vom Contrapunkt, dem Camon und der Fuge.
Berlin 1859. Pb.
550 Dialogue s. l. musique des anciens. Paris 1735. Ldrb.
551 **Dommer, A.** v. Elemente der Musik. Leipzig 1862. Hfr.
552 — — Musikalisches Lexicon. Auf Grundlage des Lexicons
von Koch. Heidelberg 1865. Hlbfr.

553 **Doni, G. B.,** compendio del trattato de' generi e de' modi della musica. Con un discorso sopra la perfettione de' concerti. etc. etc. Roma 1635. Prg.

554 — — de praestantia musicae veteris libb. III. Florent. 1647. 4. Prgtbd.

555 **Draghi und Smelzer,** Jl fuoco eterno custodito dalle vestali. Vienna 1674. Mit grossen Kupfern. Pb.

556 **Dressler, E. C.** Theater-Schule für die Deutschen, das ernsthafte Singe-Schauspiel betr. Hann. 1777. Pb.

557 **Dufort, Giamb.** Trattato del ballo nobile. Napoli 1728. Pg.

558 **Ehlert, L.** Briefe über Musik an eine Freundin. Berlin 1859. Hl.

559 Elémens de musique théor. et prat. suivant les principes de M. Rameau. Paris 1752. Hp.

560 **Engel, J. J.** Ueber die musikalische Malerey. An den K. Kapellmeister Herrn Reichardt. Berlin 1780. Pb.

561 Essai s. l'union de la poésie et de la musique. A la Haye 1765. Ledrbd.

562 Etwas von und über Musik fürs Jahr 1777. Frankfurt 1778. Pb.

563 **Eximeno, A.,** dubbio sopra il saggio fondamentale pratico di contrapunto di G. B. Martini. Rom. 1775. 4. Prg.

564 **Fage, J. Adr. de la,** miscellanées musicales. Paris 1844. Hfrzbd.

565 **Fétis, M.,** la musique mise à la porte de tout le monde. Brux. 1839. Hl.

566 **Forkel, J. N.,** über die Theorie d. Musik. Göttingen 1777. 4. Pb.

567 Fragmente einiger Gedanken d. musikal. Zuschauer die bessere Aufnahme d. Musik in Deutschland betr. Gotha 1767. 4. Pb.

568 Philosoph. Fragmente über die prakt. Musik. Wien 1787. Pb.

569 **Framery, N. E.,** Discours qui a remporté le prix de musique et déclamation. Paris 1802. Pb.

570 **Euchs, C.** Ungleiche Verwandte u. d. Neudeutschen zu W. Tappert's »Musikal. Studien«. Berlin 1868. Pb.

571 **(Fuhrmann),** Musikalischer Trichter dadurch ein geschickter Informator seinen Informandis die edle Singekunst nach heutiger Manier bald und leicht einbringen kann, darin vitiosa ausgemustert, obscura erläutert, deficientia aber erstattet, mit einer Vorrede von d. heutigen Musik Vollkommenheit, Kraft, Nutz und Nothwendigkeit, herausg. durch e. Mitglied. d. singenden u. klingenden Gesellschaft. Franckfurt an der Spree 1706. qu. 4. Hptbd.

572 **Fux, J. J.** Gradus ad parnassum s. manuductio ad compositionem musicae regularem. Viennae 1725. fol. Ldrbd.

573 **Gasparini, Fr.** L'Armonico pratico al Cibalo. Venez. 1745. 4. Prgb

574 Gedanken und Konjekturen zur Geschichte der Musik. Stendal 1780. Pb.

575 Der h. Gesang z. Gottesdienste i. d. röm.-kathol. Kirche. Salzburg 1781. Pb.

576 Gespräch von der Musik zwischen e. Organisten u. Adjuvanten über Missbräuche bey der Musik u. beym Clavier- u. Orgelspielen. In IV Unterredungen. Mit Vorrede v. **Mizler**. Erfurth 1742. 4.

577 **Glareanl** Dodecachordi libri III. Basil. 1547. Henr. Petrus. folio. Hfrzbd.

578 **Gondar, Sara.** Remarques s. l. musique ital. et s. l. danse. Amst. 1777. Hfr.

579 **Grétry**, memoires, ou essais s. l. musique. 3 vols. Paris, an V. Pbde.

580 — — mémoires ou essais s. l. musique. Paris 1789. Pb.

581 — — Vers. ü. d. Musik hrsg. v. Spazier. Lpz. 1800. Pb.

582 — — mémoires ou essais s. l. musique. Nouvelle édition p. J. H. Mees. 3 vls. Brux. 1829. Lnwdbde.

583 **Grleshaber, F. K.** Ueber die Ostersequenz Victimae Paschali u. d. Beziehung z. d. religiösen Schauspielen des Mittelalters. Carlsruhe 1844. cart.

584 **Grimaldi**, Lettera sopra la musica all' excell. signore Agostino Lomellini. Napoli 1766. gr. 8. Pg.

585 **Hagen, Th.** Musikal. Novellen. Leipzig 1848. Pb.

586 **Hand, F.** Aesthetik der Tonkunst. 2 Bde. 2. Aufl. Leipzig 1847 (5 Thlr.) Pb.

587 **Hanslick, E.** Vom musikalisch schönen. Leipzig 1854. Pb.

588 — — Dasselbe. 2. Aufl. Leipzig 1858. Pb.

589 **Hauptmann, M.**, die Natur der Harmonik und der Metrik. Zur Theorie der Musik. Leipzig 1853. Hfr.

590 — — die Lehre von der Harmonik. Leipzig 1868. Hl.

591 **Hauser, Fr.** Gesanglehre für Lehrende und Lernende. Leipzig 1866. Lex. 8. Lwdb.

592 **Heinchen, J. D.**, neu erf. Anweisung wie ein Musikliebender z. Erlernung d. Generalbasses gelange. Hamb. 1711. 4. Hfr.

593 — — der General-Bass in der Composition etc. Dressden 1728. 4. Ldrbd.

594 **Heinse**, musikal. Dialogen. Leipzig 1805. Pb.

595 **Helmholtz, H.**, die Lehre von den Tonempfindungen. Braunschweig 1863. Hfr.

596 **Hentl, F. Ritter v.** Gedanken über Tonkunst und Tonkünstler. Wien 1868. Hl.

597 **Hiller, Ferd.** Die Musik u. d. Publicum. Köln 1864. Pb.

598 — — Aus dem Tonleben unserer Zeit. 2 Bde. Lpz. 1868. Mit Dedication des Verfassers: Herrn Professor Jahn in herzlicher Verehrung Ferd. Hiller. 6. Nov. 1867. Hlbfzbd.

599 **Hiller, J. A.** Anweisung zum musikalisch-richtigen Gesange. Leipzig 1774. 4.

600 — — Exempelbuch d. Anweisung z. Singen. Lpz. 1774. 4. Pb.

601 — — Anweisung zum musikalisch-zierlichen Gesange. Leipzig 1780. 4. Hl.

602 — — Ueber die Musik und deren Wirkungen. Lpz. 1781. Pb.

603 **Hirsch, Fr.**, die Oper und der Literaturgeist. Lpz. 1868. Hl.

604 **Human, P. C.**, musicus theoret.-practicus. Demonstr. theoria musica und method. Clavier-Anw. 2 Bde. Mit Notenbeispielen. Nürnberg 1749. 4. Hp.

605 **Jahn, Otto.** Gesammelte Aufsätze über Musik. Leipzig 1866. Exemplar auf Schreibpapier in eleg. Halbfrzbde.

606 **Jones, W.**, die Musik der Inder, deutsch von F. H. v. Dalberg, mit Kupfer. Erfurt 1801. Hfr.
607 **Junker, C. L.** Einige der vornehmsten Pflichten eines Kapellmeisters oder Musikdirektors. Winterthur 1782. Pb.
608 **Kahlert, A.** Blätter aus der Brieftasche eines Musikers. Breslau 1832. Pb.
609 **Kausch, J. J.** Psycholog. Abhandlung über den Einfluss der Töne und insbesondere d. Musik auf die Seele. Bresl. 1782. Pb.
610 **K(ellner), D.**, Treulicher Unterricht im General-Bass. 2. Aufl. von Telemann. Hamburg 1737. 4. Pb.
611 **Kiesewetter, R. G.**, Schicksale und Beschaffenheit des weltl. Gesanges vom frühen Mittelalter bis zu der Erfindung des dramat. Styles und den Anfängen der Oper, mit musikalischen Beilagen. Leipzig 1841. 4. Pb.
612 — — Ueber die Octave des Pythagoras. Wien 1848.
613 — — und **Fétis**, verhandelingen over de vraag: welke verdiensten hebben zich de Neederlanders vooral in de 14. 15. en 16. eeuw in het vak der tonkunst verworven. etc. etc. Amsterd. 1829. 4. Pb.
614 **Kircher, A.**, musurgia universalis s. ars magna consoni et dissoni. 2 voll. c. fig. Romae 1650. Hfrzbde.
614a **Kirnberger, J. P.** Grundsätze des Generalbasses als erste Linien zur Composition, nebst 45 KK. Berl. o. J. 4. Hfr.
615 — — die wahren Grundsätze zum Gebrauch der Harmouie. Berlin und Königsberg 1773. 4. Hfrzbd.
616 — — Die Kunst des reinen Satzes in der Musik. 2 Bde. in 4 Abtheil. Berlin und Königsberg 1771—79. 4. Hlbfrzbde.
617 — — Dasselbe I. Theil. 1774. 4. Hfrzbd.
618 — — Gedanken über die verschiedenen Lehrarten in der Komposition etc. Berlin 1782. 4. Pb.
619 **Knauss, H.** Erfahrungen im Klavierbau. Coblenz 1868. cart.
620 **Knecht, J. H.** Erklärung einiger von einem der R. G. B. in Erlangen angetasteten, aber missverstandenen Grundsätze aus der Vogler'schen Theorie etc. Ulm 1785. 4. Pb.
621 — — Elementarwerk der Harmonie und des Generalbasses. 2 Thle. Augsburg 1792. 4. Pb.
622 **Koch, H. C.** Musikalisches Lexikon. Frankfurt 1802. Hfr.
623 **Köhler, L.**, die Melodie der Sprache. Leipzig 1853. Pb.
624 — — die Gebr. Müller u. d. Streichquartett. Lpz. 1858. cart.
625 **Kreuzhage, E.** Ueber Programm-Musik. Münster 1868. cart.
626 **Kriebitzsch, C. Th.** Für Freunde der Tonkunst, mit Schubert's Portr. Leipzig 1867. Hl.
627 **Krüger, E.** Beiträge für Leben und Wissenschaft der Tonkunst. Leipzig 1847. Pb.
628 **Kuhnau, Joh.**, iura circa musicos eccles. Lips. 1688. 4. Pb.
629 — — der musikalische Qvack-Salber nicht alleine denen verständigen Liebhabern der Music sondern auch allen andern welche in dieser Kunst keine sonderbahre Wissenschaft haben. In einer kurtzweiligen und angenehmen Historie zur Lust u. Ergetzligkeit beschrieben. Dresden 1700. 12. Hlzfrzbd.

630 **Kullak, A.** Das Musikalisch-Schöne. Leipzig 1858. Pb.
631 **Laurencin,** Abwehr gegen Hanslick's Lehre vom Musikalisch-Schönen. Leipzig 1859. Pb.
632 — — die Harmonik der Neuzeit. Gekrönte Preisschrift. Leipzig 1861. Pb.
633 **Lesneur,** Lettre en réponse à Guillard, sur l'operâ de la mort d'Adam. Paris an X. 8. Pb.
634 Lettre sur le mechanisme de l'opera Italien. Napl. 1756. Pb.
635 Lexicon, kurzgefasst musikalisches, mit historischen Nachrichten von der Musik. Chemnitz 1749. Pb.
636 **Lindner, E. O.** Zur Tonkunst. Abhandlungen. Berlin 1864. Hl.
637 **Lisco, F. G.,** Dies irae, Hymnus auf das Weltgericht. Berlin 1840. 4. cart.
638 — — Stabat mater, Hymnus auf die Schmerzen der Maria. Berlin 1843. 4. Pb.
639 **Liszt, Fr.,** die Zigeuner und ihre Musik in Ungarn, deutsch von P. Cornelius. Pest 1861. Pb.
640 **Lobe, J. L.** Lehrbuch der musikalischen Composition. 4 Bde. Leipzig 1850—67. Hfrz.
641 **Mancini, Giamb.** Reflessioni pratiche sul canto figurato. Milano 1777. Hfrzbd.
642 **Manfredini, V.,** regole armoniche o sieno precetti ragionati per apprendere i principy della musica etc. etc. Venez. 1775. Mit Portr. Hlfr.
643 — — Difesa della musica moderna. Bologna 1788. Hfr.
644 — — Regole armoniche o sieno precetti ragionati per apprender la musica. Venez. 1797. Hfr.
645 **Marmontel,** Polymnie. Poëme posth. Mit Portr. Piccini's u. a. K. K. Paris 1818. Hl.
646 **Marpourg,** Principes du Clavecin. Av. planch. Berl. 1756. 4. Hfr.
647 **Marpurg, F. W.,** Abhandlung von der Fuge. 2 Bde. mit Kupfer. Berlin 1753—54. 4. Hfrzbde.
648 — — Anleitung zum Clavierspielen. Nebst XVIII Kupfert. Berlin 1755. 4.
649 — — Anfangsgründe der theoret. Musik. Lpz. 1757. 4. Pb.
650 — — Anleitung z. Singcomposit. Berl. 1758. 4. Mit Portr. Pb.
651 — — Handbuch bei dem General-Bass und der Composition. Nebst Notentaf. 2. Aufl. Berlin 1762. 4. Hfr.
652 — — die Kunst das Clavier zu spielen. 2 Thle. 4. Berl. 1762. Pb.
653 — — Anleitung zur Musik überhaupt und zur Singkunst besonders. Berlin 1763. Ppb.
654 — — Anleitung z. Clavierspielen. 2. Aufl. Berl. 1765. 4. Pb.
655 — — Versuch ü. d. musikal. Temperatur. Bresl. 1776. Pb.
656 — — Neue Methode allerley Arten von Temperaturen dem Claviere mitzutheilen. Berlin 1790. 4. Pb.
657 **Martini, G. B.,** esemplare o sia saggio fondamentale pratico di contrappunto sopra il canto formo. 2 voll. Imp. 4. Bologna 1774. Hfr.
658 **Marx, A. B.** Ueber Malerei in der Tonkunst. Berlin 1828. Mit 2 Taf. cart.

659 **Marx, A. B.** Allgemeine Musiklehre. Leipzig 1839. Pb.
660 — — die Lehre von der musikalischen Composition. 4 Bde.
Lpz. 1847—52. Hl.
661 — — die Form i. d. Musik. Sprtabdr. Pb.
662 **Mattheson, J.** Das neueröffnete Orchestre. Hamb. 1713. —
Dessen, das beschützte Orchestre. Ebd. 1717. — Dessen, das
forschende Ochestre. Ebd. 1721. 3 Bde. Hlbfrzbde.
Vollständige Exemplare dieser 3 Bände sind von grösster Seltenheit.
663 — — Exemplarische Organisten-Probe im Artikel vom General-Bass. Hmb. 1719. 4. Hfr.
664 — — Critica musica. Hamb. 1722. 4 Hlbfrzbd.
Ganz completes Exemplar dieses höchst seltenen Werkes.
665 — — Der musikalische Patriot. Hamb. 1728. 4. Hpt.
666 — — Grosse General-Bass-Schule. Oder der exemplarischen
· Organisten-Probe 2. Aufl. 4. Hamb. 1731. Hlbfr.
667 — — De eruditione musica. Hamb. 1732. 4. Pb.
668 — — Kleine Generalbassschule. Hamb. 1734. 4. Hfr.
669 — — Kern melodischer Wissenschafft, best. in den auserles.
Haupt- u. Grundlehren d. musikal. Setz-Kunst od. Composition. Hamb. 1737. 4. Hfrzbd.
670 — — Der vollkommene Capellmeister. Hamb. 1739. fol. Pb.
671 — — Mithridat wider den Gift einer welschen Satyre, genannt: La musica. Hamb. 1749. Lederband.
672 — — Bewährte Panacea als Zugabe z. s. musikal. Mithridat.
Dosis 1—3. Hmb. 1750—51. Pb.
673 — — Die neuangelegte Freuden-Akademie. — Desselben
neuangelegter Freuden-Akademie zweiter Band m. vorgesetzter
Abhandlung betr. die Freudenstörer und Todwünscher. 2 Bde.
Hmb. 1751—53. Pbde.
674 — — Philologisches Tresespiel als ein kleiner Beytrag zur
kritischen Geschichte der deutschen Sprache, vornehmlich
aber, mittelst gescheuter Anwendung, in der Tonwissenschaft
nutzlich zu gebrauchen. Subjuncta nouissima editione Sche-
diasmetis de eruditione musica. Hamb. 1752. Hlbfrzbd.
675 — — Plus ultra, ein Stückwerk von neuer und mancherley
Art. 1—3 Vorrath. Hmb. 1754—55. Hfrz.
676 **Méreaux, A.** Les clavecinistes de 1637—1790. Mit zahlreichen
Portraits. Paris 1867. folio. Hlfrzbd.
677 **Mermet,** von d. Verderben d. Geschmacks i. d. franz. Musik,
deutsch v. F. G. F. Altenb. 1750. Pb.
678 **Metaphrastes, Sim. d. Jüngere.** Legende einiger Musikheiligen.
Ein Nachtrag zu den musikal. Taschenbüchern jetziger Zeit.
Nebst 2 Tafeln. Cölln a/Rh. 1786. Pb.
679 **Michaelis, C. F.** Ueber den Geist der Tonkunst. 2 Theile.
Lpz. 1795—1800. Pb.
680 **Mizler, L.** Anfangsgründe d. General-Basses. Lpz. 1739. Hfr.
681 **Mortimer, P.** Der Choralgesang z. Zeit d. Reformation. Mit
einem Anhang v. 135 Chorälen. Berl. 1821. 4. Pb.

682 **Mozart, Leopold.** Versuch einer gründlichen Violinschule.
Augspurg 1756. 4. Mit Portr. Pb,
683 **Mozart, W.** A. Kurzgefasste Generalbass-Schule. Wien bei
S. A. Steiner & Comp. Gedruckt bei Anton Strauss. s. a. Pb.
684 **Müller, W.** C. Aesthet.-historische Einleitungen in die Wissenschaft d. Tonkunst. 2 Thle. Lpz. 1830. Hfrzbd.
685 Musicus, der sich selbst informirende, oder: Gründliche Anweisung zu der Vocal- u. Instrumentalmusik. Augsburg 1762.
gr. 4. Pb.
686 De la musique considérée en elle-même et dans ses rap-
ports avec la parole, les langues, la poésie et le théatre.
Paris 1785. Ldrbd.
687 **Naegeli, H. G.** Vorlesungen über Musik. Stuttg. 1826. Cart.
688 — — Das Gesangsbildungswesen d. Schweiz. Mit 4 musikal.
Beilagen. Zürich. s. a. Pb.
689 **Naumann, C. E.** Ueber d. verschiedenen Bestimmungen der
Tonverhältnisse etc. Lpz. 1858. 4. Pb.
690 **Nichelmann, Ch.** Die Melodie n. ihrem Wesen sowohl, als nach
ihren Eigensch. überhaupt. M. 22 Taf. Danzig 1755. 4. Hfr.
691 **Nicolai, G.** Arabesken f. Musikfreunde. 2 Bde. Lpz. 1835. Pb.
692 **Nohl, L.** Der Geist d. Tonkunst. Frkfrt. 1861. Pb.
693 **North, Roger.** Memoirs of musik edited by E. F. Rimbault.
Lond. 1846. 4. w. portr. Hfr.
694 **Noverre, M.** Lettres s. la Danse, sur les ballets et les arts.
4 vols. Petersbourg 1803—4. Av. portr. Hfrzbde.
695 L'Office du XIII siècle. Tiré d'un manuscrit original et in-
édit publ. p. Didron ainé. facsimilirt. Paris 1853. 4. Lwdb.
696 **d'Ortigue, J.** La musique à l'église. Paris 1861. Hl.
697 **Paolucci, Gius.** Arte pratica di Contrappunto. 3 vols. 4.
Venez. 1765—72. Hfrzbde.
698 **Penna, L.** Li primi albori musicali per li principianti della
musica figurata. Bologna 1679. 4. Hfr.
699 **Petri, J. S.** Anleitung z. prakt. Musik. Lpz. 1782. 4. Pb.
700 **Planelli, Ant.** delli opera in musica trattato. Nap. 1772. Hfr.
701 **Pohl, Ch. F.** Cursory notices on the glass-harmonica. London 1862. Cart.
702 **Pontécoulant, Marquis de.** Les phénomènes de la musique.
Paris 1868. Hl.
703 **Porta Ferrari, C. A.** Il canto fermo ecclesiastico spiegato à
seminaristi di Ferrara. Modena 1732. 4. Hfrzbd.
704 **Printz, W. C.** Phrynis o. satyr. Componist. Erster Theil enthält synopsin musices poeticae. Dresd. 1676. 4. Cart.
705 — — Phrynis Mitileneus oder satyr. Componist. 3 Theile.
Dresd. 1696. 4. Prgtb.
706 **Quantz, J. J.** Versuch e. Anweisung d. Flöte traversiere zu
spielen. Mit 24 Kupfertaf. Berl. 1752. 4. Ldrb.
707 **Ramann, L.** Aus der Gegenwart. Aufsätze über Musik. Nürnberg 1868. Hl.
708 **Rameau.** Nouveau système de musique théorique. Paris
1726. 4. Ldrbd.

709 **Rameau.** Génération harmonique ou traité de musique théorique et pratique. Paris 1737. Ldrbd.
710 — — Démonstration du principe de l'harmonie. Par.1750.Hfr.
711 **Rangoni, G. B.** Saggio sul gusto della musica etc. Livorno 1790. Pb.
712 Receuil de pièces a opposer a divers libelles dirigés contre le conservat. de musique. Paris an X. 4. Pb.
713 **Reichardt, J. F.** An das musikal. Publikum seine französisch. Opern Tamerlan u. Panthée betreffend. Hamb. s. a. Pb.
714 — — Ueber die deutsche komische Oper u. üb. die musikal. Poesie. Hamb. 1744. Pb.
715 — — Ueb. d. Pflichten des Ripien-Violinisten. Berl. 1776. Cart.
716 — — Geist d. musikal. Kunstmagazins. Berl. 1791. Pb.
717 **Reissmann, A.** Allgemeine Musiklehre. Berl. 1864. Hfrzbd.
718 **Reissmann, H.** Lehrbuch der musikal. Composition. 2 Bde. Berlin 1866. Hlbfrzb.
719 **Rellstab, J. C. F.** Ueb. die Bemerkgn. e. Reisenden die Berliner Kirchenmusiken etc. betr. Berl. s. a. Pb.
720 **Rellstab, L.** Musikalische Beurtheilungen. Lpz, 1861. Hl.
721 Des réprésentations en musique anciennes et modernes. Paris 1684. Ldrbd.
722 **Requeno, Vinc.** Dell' arte armonico. 2 vls. Parma 1798. Hlbfrzbd.
723 **Richter, E. F.** Lehrbuch d. Harmonie. Lpz. 1853. Hl.
724 — — Lehrbuch der Fuge. Lpz. 1859. Pb.
725 **Riedt, F. W.** Versuch ü. d. musikal. Intervallen. Berl. 1753. 4. Pb.
726 **Riepel, Jos.** Anfangsgründe d. musikal. Setzkunst. Erstes Kapitel de Rythmopoeïa. Rgsbrg. 1752. fol. Pb.
727 — — Dasselbe. 2. Aufl. Rgsbrg. 1754. fol. Pb.
728 — — Erläuterung der betrüglichen Tonordnung. Mit musikal. Exempeln. Augsb. 1765. fol. Pb.
729 — — Unentbehrliche Anmerkungen zur Contrapunktion. Regensb. 1768. fol. Pb.
730 — — Harmon. Sylbenmass etc., der erste Theil von dem Recitativ. Rgsbrg. 1776. fol. Pb.
731 — — Bassschlüssel d. i. Anleitung f. Anfänger u. Liebhaber d. Setzkunst. Regnsb. 1786. fol. Hl.
732 **Rochlitz, Fr.** Für ruhige Stunden. 2 Bde. Lpz. 1828. Pb.
733 — — Für Freunde der Tonkunst. 4 Bde. Lpz. 1830. Cart.
734 **Rolle, Chr. C.** Neue Wahrnehmungen zur Aufnahme u. Ausbreitung d. Musik. Berl. 1784. Cart.
735 **Röllig, J. L.** Ueb. d. Harmonika. Ein Fragment. Berl. 1787. 4. Pb.
736 **Rousseau, J. J.** Lettre s. la musique françoise. Par. 1753. Pb.
737 — — Dictionnaire de musique. Par. 1768. 4. Av. planch. Ldrb.
738 — — Recueil des oeuvres de musique. Gravé p. Richomme. S. a. et l. 210 pages m. Noten. Pb.
739 — — Ecrits s. l. musique. Paris 1823. Pb.
740 **Sacchi, Giov.** Della divisione del tempo nella musica nel ballo e nella poesia. Mil. 1770. Pb.
741 Saggio sopra l'opera in musica. Mirabello 1754. Cart.
742 **Samber, J. B.** Elucidatio musicae choralis. Salzburg 1710. —

Derselbe, manuductio ad Organum. ib. 1704. — Derselbe, continuatio ad manuductionem organicam. ib. 1707. — Mit zahlreichen Notentafeln und Abbildungen. qu. 4. Pergtbd.
743 Sammlung neuer Oden und Lieder. Mit Musik. 3 Theile. Hamb. 1744—52. In 1 Ldrbd. Lex. 8.
744 **Schafhäutl.** Der ächte gregorian. Choral. Münch. 1869. Hl.
745 **Schäffer, J.** Zwei Beurtheiler Robert Franz's. Bresl. 1863. Cart.
746 Schatz d. liturg. Chor- u. Gemeindegesangs aus den Quellen d. 16. u. 17. Jahrh. unter musikal. Redaction v. Fr. Riedel, hersg. v. L. Schoeberlein. I. Theil: die allgemeinen Gesangsstücke. Gött. 1865. Hfrzbd.
747 **Schaul, J. B.** Briefe über den Geschmack in der Musik. Carlsruhe 1809. Hfr.
748 **Scheibe, J. A.** Von den musikal. Intervallen und Geschlechten. Hmb. 1739. Pb.
749 — — Kritischer Musikus. Neue Aufl. 4 Thle. in 1 Hfrzbd. Leipzig 1745.
750 — — Musikal. Composition. Erster Theil: d. Theorie d. Melodie u. Harmonie. Lpz. 1773. 4. Pb.
751 **Schmidt, M. H.** Gesang und Oper. Krit.-didakt. Abhdlgn. in zwangl. Heften. Heft 1—6 in 2 Bdn. Magdeb. 1861—65. Hl.
752 **Schmuck, Vinc.** Leichpredigt von der Musica beym Begräbniss des weylandt Seth i Calvisij. Lpz. 1615. 4. Pb.

Schriften für u. wider die italienischen Bouffonisten in Paris:

753 Le petit Prophète de Boehmischbroda (p. Grimm.) Par.1753.cart.
754 Réponse du coin du roi au coin de la reine. Paris 1753. Pb.
755 Arrêt rendu à l'Amphithéatre de l'opéra sur la plainte du milieu du parterre intervenant dans la querelle des deux. coins. Pb.
756 Le correcteur des bouffons a l'ecolier de Prague. Par. 1753. Pb.
757 Déclaration du public, au sujet des contestations qui se sont élevées s. l. musique. Pb.
758 l'Anti-Scurra, on préservatif contre l. bouffons italiens. 1753. Pb.
759 Lettre critique et historique s. l. musique franç. la musique italienne et s. les bouffons. A Madame D ...... 1753. Pb.
760 Epitre aux bouffonistes. 1753. Pb.
761 Les prophéties du grand prophéte Monet. Paris 1753. Pb.
762 Lettre à une dame d'un certain age sur l'état present de l'opéra. En Arcadie 1752. Pb.
763 La paix de l'opéra ou parallele impartial de la musique françoise et de la musique italienne. Amsterd. 1753. Pb.
764 Arnaud. Lettre s. la musique a Mr. le comte de Caylus.1754. Pb.
765 Le Réforme de l'opera. Paris 1753. Pb.
766 La guerre de l'opera. Lettre écrite à une dame en province, par quelqu' un qui n'est ni du Coin, ni de l'autre. Pb.
767 Apologie de la musique franç. contre M. Rousseau. Par.1754. Pb.
768 Réflexions d'un patriote sur l'opéra franç. et sur l'opéra ital. Lausanne 1754. Pb.

769 **Schröter, C. G.** Deutl. Anweisung zum General-Bass, in best. Veränderung d. uns angebohrnen harmon. Dreyklanges, mit Exempeln. Halberst. 1772. 4. Ldrbd.

770 — — Letzte Beschäftigung mit musikal. Dingen; nebst 6 Temperatur-Planen u. 1 Noten-Tafel. Nordh. 1782. 4. Pb.

771 **Schubart, Ch. F. D.** Ideen zu einer Aesthetik der Tonkunst. Wien 1806. Pb.

772 **Schugt, J. G.** Hülfsbuch b. d. Gesangunterricht. Köln 1838. Hfr.

773 **Schumann, Rob.** Gesammelte Schriften ü. Musik u. Musiker. 4 Bde. Lpz. 1854. Eleg. Lwbde.

774 **Scudo, P.** l'art ancien et l'art moderne. Nouveaux mélanges de critique et de littérature musicales. Paris 1854. Hl.

775 — — Critique et littérature musicales. 2 vls. Par. 1856—59.Hl.

776 **Smith, A. W.** Philosoph. Fragmente über die prakt. Musik. Wien 1787. Pb.

777 **Sobolewski, E.** Reaktionäre Briefe. Kgsbrg. 1854. Pb.

778 — — Das Geheimniss d. neuesten Schule d. Musik. Lpz. 1859.

779 **Sonnette, J. J.** Le brigandage de la musique italienne. Amsterdam 1780. Pb.

780 **Sorge, G. A.** Ausweichungstabellen; in welchen auf 4fache Art gezeiget wird wie eine jede Tonart in ihre Nebentonarten ausweichen könne. Nürnberg, s. a. fol.

781 — — Gespräch zw. e. musico theoretico u. e. studio musices von der Prätorianischen, Printzischen, Werkmeisterischen, Neidhardtischen u. Silbermannischen Temperatur etc. Lobenstein 1748. Pb.

782 — — Anl. z. Generalbass u. Composition m. Anm. v. Marpurg. Berl. 1760. 4. Pb.

783 **Spangenberg, Cyr.** Von der Musica und den Meistersängern. Hrsg. v. A. v. Keller. Stuttg. (Literar. Verein.) 1861. Hl.

784 **Spiess, M.** Tractatus musicus composit. practicus, d. i. musikal. Tractat, in welchem alle Fundamenta z. musikal. Composition etc. Mit Notenbeisp. Augsb. 1746. fol. Pb.

785 **Stallbaum, G.** Zusammenhang musikal. Bildung der Jugend m. d. Gesammtzwecke d. Gymnasiums. Lpz. 1842.

786 Statuti ovvero costituzioni de' signori academici **Filarmonici** di Bologna. Bol. 1721. 4. cart.

787 **Steffani, D. A.** Quanta Certezza habbia da suoi principii la musica in qual pregio fosse perciò presso gli Antichi. Amsterdam 1695. 12. cart.

788 — — Sendschreiben üb. Musik mit Anm. von Werkmeister u. Albrecht. Mühlhausen 1760. 4. Pb.

788a — — Dasselbe. Quedlinburg 1700.

789 **Stevens, Ch. J.** An essay on the theory of music. Gött. 1863. Pb.

790 Der Streit zw. d. alten u. neuen Musik. Bresl. 1826.

791 **Tappert, W.** Musik u. musikal. Erziehung. Berl. 1867. Pb.

792 — — Musikal. Studien. Berl. 1868. Hl.

793 — — Das Verbot der Quinten-Parallelen. Lpz. 1869. Pb.

794 **Tartini, Gius.** Trattati di musica secondo la vera scienza dell' Armonia. Padovu 1754. 4. Hfr.

795 Il **Teatro** alla moda o sia **metodo** sicuro, e facile per ben comporre, etc. esequire l'opere italiene in musica all' usq metodo. s. a. e. l. Hfrzbd.

796 **Telemann, G. M.** Unterricht im Generalbass-Spielen. Hamburg 1773. 4. Cart.

797 **Tevo.** Il musico testore. Venez. Bortoli 1706. 4. Hfr.

798 **(Thibaut.)** Ueber Reinheit d. Tonkunst. Hdlb. 1825. Pb.

799 **Thibaut, A. F. J.** Ueb. Reinheit d. Tonkunst. Hdlb. 1851. Lw.

800 **Thiersch, Otto.** System und Methode der Harmonielehre. Lpz. 1868. Hl.

801 **Tinctoris, Joan.** Terminorum musicae diffinitorum. Lat. und deutsch v. H. Bellermann. s. a. e. l. Pb.

802 **Tucher, G., Freiherr v.** Schatz des evangel. Kirchengesanges. I. Theil. Liederbuch. II. Theil. Melodieenbuch. 2 Bde. kl. 4. Lpz. 1848. Hfrzbde.

803 Ueber meine Violine. Wien 1781. Mit Vignetten. Pbd.

804 **Vallotti, F. A.** Della scienza teorica, e pratica della moderna musica libro primo. Con 7 tav. Padova 1779. 4. Hfr.

805 **Villars, F. de.** La Serva Padrona. Querelle des Bouffons. Paris 1863. Hl.

806 Die Virtuose oder Begebenheiten e. fläm. Sängerin. Augsb. 1771. M. Titelk. Pb.

807 **Vockerodt, G.** Missbrauch der freyen Künste insonderheit der Music. Franckf. 1697. 4. Pb.

808 **Vogler, G. J.** Kuhrpfälzische Tonschule. Mannh. 1778. — Tonwissenschaft u. Tonsezkunst. ib. 1776. Pb.

809 **Vogler's** belehrende musikal. Herausgaben. Zergliederung d. musikalischen Bearbeitung der Busspsalmen im Choral-Styl. München 1807. 4.

810 **Vogler, A.** System für den Fugenbau. Text und Notenbeispiele. Offenb. 1811.

811 Von der musikalischen Declamation. Gött. 1775.

812 Von der musikal. Poesie. Berl. 1752. Hfrz.

813 **Wagner, R.** Die Kunst u. d. Revolution. Lpz. 1849.

814 — — Das Kunstwerk d. Zukunft. Lpz. 1850. Hl.

815 — — Oper u. Drama. 3 Bde. Lpz. 1852. In 1 Hlbfrzbdd.

816 — — Das Wiener Hof-Operntheater. Wien 1863. Pb.

817 — — Bericht an Ludwig II üb. eine in München zu errichtende Musikschule. München 1865. Cart.

818 — — **E. D.** Musikalische Ornamentik. Berl. 1869. Hl.

820 Wahrheiten die Musik betreffend gerade herausgesagt von einem teutschen Biedermann. 2 Thle. in 1 Bde. Frnkf. 1779. Pb.

821 **Wasielewki, J. W. v.** Die Violine u. ihre Meister. Lpz. 1869. Hfr.

822 **Webb, D.** Betr. ü. d. Verwandtschaft d. Poesie u. Musik aus dem Engl. v. J. J. Eschenburg. Lpz. 1771. Pb.

823 **Weber, Carl Maria v.** Hinterlassene Schriften. 3 Bände. Dresd. 1828. Pb.

824 — — **G.** Allgemeine Musiklehre. Darmst. 1822. Cart.

825 **Weissbeck, J. M.** Protestationsschrift od. Exemplar. Wider-

legung d. Kapellmeister Vogler ischen Tonwissenschaft etc.
Erl. 1783. 4. Pb.
826 **Weissbeck, J. M.** Etwas üb. Herrn D. G. Türks wichtige Organisten-Pflichten. Nürnb. 1798. Cart.
827 **Weitzmann, C. F.,** Harmoniesystem. Gekrönte Preisschrift. Lpz. s. a. Pb.
828 **Welcker v. Gontershausen.** Die musikalisch. Tonwerkzeuge. Mit 160 Abb. Frkf. 1855. Hfr.
829 — — Der Flügel od. die Beschaffenheit des Piano's. Mit 75 Zeichn. Frankf. 1856. 4. Hl.
830 — — Der Clavierbau in seiner Theorie, Technik und Geschichte. 3. Aufl. Frkf. 1864. Hl.
831 **Werckmeister, A.** Der Edlen Music-Kunst Würde, Gebrauch u. Missbrauch etc. Frkf. 1691. 4. Pb.
832 — — Erweiterte und verbesserte Orgel-Probe. Quedlinburg 1698. 4. Pb.
833 — — Erweiterte u. verbesserte Orgelprobe. Lpz. 1754. Pb.
834 — — Harmonologia musica oder Anl. zur musik. Composition. Frankf. 1702. 4. Hfr.
835 — — Die nothwend. Anmerkungen u. Regeln, wie der Bassus continuus oder General-Bass wol könne tractirt werden. Aschersleben 1715. 4. Hfr.
836 **Widmann, B.** Formenlehre d. Instrumentalmusik. Lpz. 1862. Pb.
837 **Wiedemann, F. J.** Musikalische Effectmittel und Tonmalerei. Dorpat 1856. Pb.
838 **Winterfeld, C. v.** Ueber Herstellung d. Gemeine- und Chorgesanges. Lpz. 1848. Pb.
839 **Wolf, G. F.** Unterricht i. d. Singekunst. Halle 1784.
841 **Zarlino, Gios.** Le institutioni harmoniche Venez. 1588. — (tutte le opere. vol. II.): dimostrationi harmoniche. ib. 1589. fol. In 1 Ledrbd. das Titelblatt zu I. Bande handschriftlich ergänzt.
842 **Zeller, C. A.** Elemente d. Musik. Kgsbrg. 1810. Pb.
843 **Zimmer, R.** Gedanken b. Erscheinen des 3. Bandes d. Bach-Gesellschaft. Berl. 1854. cart.
844 **Zopff, H.** Grundzüge e. Theorie d. Oper. Lpz. 1868. Hl.

Bibliographie. — Thematische Verzeichnisse.

845 Catalogue de la Bibliothèque musicale théor. et prat. de **M. A. Farrenc.** Paris 1866. Pb.
846 **Forkel, J. N.** Musikalisch-Kritische Bibliothek. 3 Bde. in 1 geb. Gotha 1778—79. Pb.
847 — — Allgem. Litteratur der Musik. Anleitung z. Kenntniss musikal. Bücher. Lpz. 1792. Hfr.
848 **Groppo, Ant.** Catal. di tutti i drammi per musica. Venez.1745.Hl.

849 **Gruber, J. S.** Litteratur d. Musik od. Anleitung zur Kenntniss der vorzügl. musikal. Bücher. Nürnberg 1783. — Desselben Beyträge z. Litteratur der Musik. Nürnberg 1785. Pb.

850 — — Beyträge zur Litteratur der Musik. Zwei Stücke. Frkf. 1790. Pb.

851 **Mizler, L.** Musikalische Bibliothek od. gründliche Nachricht nebst unpartheyischem Urtheil von alten und neuen musikal. Schrifften und Büchern. Band I—IV. i. Alles Erschienene. Lpz. 1739—54. M. Portrts. Hfrzbd.

852 Monatsbericht, musikal.-litcrar. neuer Musikalien, musikal. Schriften u. Abbildungen. Neue Folge. I. u. II. Jahrgang. Lpz. 1834 u. 1835. 8 Hfrzbd.

853 Nägeli's Verzeichniss ungedruckter Compositionen grosser Tonsetzer der Vorzeit. Zürich 1854.

854 **Petersen, N. M.** Verzeichniss d. i. d. Bibliothek zu Grimma vorhandenen Musikalien. Grimma 1861. 4. Pb.

855 Repertorium, musikal.-kritisches aller neuen Erscheinungen im Gebiete d. Tonkunst. I. Jahrg. Leipz. 1844. Pb.

856 **Schmid, Ant.** Ottaviano dei Petrucci da Fassombrone, der erste Erfinder des Musiknotendruckes mit bewegl. Metalltypen. Mit XXI Abb. Wien 1845. Eleg. Hlbfrzbd.

857 **Täglichsbeck,** d. musikal. Schätze der St. Katharinenkirche z. Brandenburg. Ein Beitrag z. musikal. Literatur des 16. u. 17. Jahrh. Brandenb. 1857. Pb.

858 Verlagscatalog von Breitkopf &. Härtel in Leipzig. 1853.

859 Verzeichnisse geschriebener und gedruckter Musikalien aller Gattungen, welche 1836, 1. Juni bei Breitkopf und Härtel versteigert wurden. Lpz. 1836. 8. Pb.

860 Verzeichniss der grösstentheils von Sigismund Streit dem grauen Kloster geschenkten Musikalien. Berl. 1856. 4. Pb.

861 Verzeichniss der **Thibaut'**chen Musikaliensammlung. Heidelb. 1842. 8. Pb.

862 Verzeichniss der in der Leihanstalt f. musikal. Literatur v. A. Dörffel in Leipzig enthaltenen Bücher und Musikalien. Leipzig 1861. 8.

863 **Walther, J. G.** Musikal. Lexicon oder musikal. Bibliothec. Lpz. 1732. Ldrbd.

864 **Whistling, C. F.** Handbuch der musikalischen Literatur oder allgem. system. geordn. Verzeichniss gedruckter Musikalien, musikal. Schriften u. Abb. m. Verleger u. Preise. 2. Auflage. Leipzig 1828. Hfr·

865 — — Ergänzungsband 'zum Handbuche der musikalischen Literatur. Lpz. 1829. — Zweiter Ergänzungsband angefertigt von A. Hofmeister. Lpz. 1834. 8. Hfrzbd.

866 Geschriebenes Verzeichniss von **Beethoven's** Werken. Autographen, Copieen etc. 82 Seiten gross Folio. Hlwd.

Mit Notiz von Breitkopf u. Härtel dass, die mit einem rothen Häkchen bezeichneten Nummern durch ihrer und der Revisoren Hände gegangen seien.

867 Thematisches Verzeichniss sämmtliche in Druck erschienenen Werke von **Ludwig v. Beethoven.** Lpz. 1851. Ill.

868 N o t t e b o h m, G. Themat. Verzeichniss der im Druck ersch. Werke von **Ludwig v. Beethoven.** Zweite Aufl. Lpz. 1868. Hfr.

869 Catalogue des oeuvres de **Louis van Beethoven** qui se trouvent chez Artaria et Co. à Vienne. Folio. Hl.

870 Thayer, A. W. Chronolog. Verzeichniss der Werke **Ludwig v. Beethoven's.** Berl. 1865. Hfr.

871 Geschriebenes themat. Verzeichniss der Werke **Eberlin's.** 19 Seiten Folio. Hl.

872 Geschriebenes themat. Verzeichniss der Werke **J. Haydn's.** 166 Seiten Folio Hfrzbd. Mit z a h l r e i c h e n N o t i z e n v o n d e r H a n d Otto J a h n's.

873 Deux tables thémat. et chronolog. des Quatuors en Partitur de **Josph Haydn.** Berl. Trautwein. 8.

874 Geschriebenes themat. Verzeichniss der **J. M.** Haydn'schen Kirchencompositionen im Stifte St. Peter zu Salzburg. Querfolio. Hl.

875 Themat. Verzeichniss d. im Druck erschienenen Compositionen von **Felix Mendelssohn-Bartholdy.** Lpz. gr. 8.

876 Geschriebenes themat. Verzeichniss der Werke **W. A. Mozarts.** 166 Seiten gr. Folio. Hfrzbd. Mit z a h l r e i c h e n N o t i z e n v o n d e r H a n d Otto J a h n's. (F a s t b e i j e d e r N o.)

877 Geschriebenes themat. Verzeichniss der Original-Compositionen **W. A. Mozarts.** Mit Aufführung der verschiedenen Ausgaben u. Besitzer der Manuscripte. 131 Seiten Folio. Hl.

878 Geschriebenes themat. Verzeichn. der Werke **W. A. Mozarts.** 98 Seiten gr. 8. Pb.

879 Thematisches Verzeichniss derjenigen Originalhandschriften **Mozarts,** welche Hofrath André in Offenbach besitzt. Offenb. 1841. 8. Hl.

880 Thematisches Verzeichniss sämmtlicher Kompositionen von **W. A. Mozart,** so wie er solches vom 9. Februar 1784 an, bis zum 15. November 1791 eigenhändig niedergeschrieben hat. Nach dem Original-Manuscripte hrsg. v. A. André. Offenb. 1805. 8. Pb.

881 — — dasselbe. Neue mit dem Original-Manuscript nochmals verglichene Ausgabe. ib. 1828. 8. Hl.

882 Thematisches Verzeichniss werthvoller meist noch ungedruckter Original-Handschr. **W. A. Mozarts.** Berl. Fr. Stage. 8. Pb.

883 K ö c h e l, Dr. L. R i t t e r v. Chronologisch-themat. Verzeichniss sämmtlicher Tonwerke **W. A. Mozarts.** Lpz. 1862. Hfrzbd.

884 Sonnleithner, L. Besprechung d. Köchelschen Verzeichnisses **Mozart'scher** Werke. (Recensionen 1862.) Pb.

885 Jantzen, J. Verzeichniss sämmtl. gedr. Werke **L. Spohr's** Cassel s. a. Cart.

Zeitschriften (ältere und neuere) und sonstige periodische Erscheinungen.

886 **Almanach,** musikal. auf das Jahr 1782. Hfr.
887 — — Musikal.- u. Künstler-Almanach auf das Jahr 1783. Hfr.
888 — — musikal. auf das Jahr 1784. Gedruckt zu Freyburg.
889 — — musikalischer f. Deutschland auf das Jahr 1782, 1783, 1784. 3 Bde. Lpz. Hfrzbd.
890 — — derselbe auf d. Jahr 1789. Hfr.
891 Almanach, musikal. hrsg. v. **J. F. Reichardt.** Mit 12 in Kupfer gest. Liedern. Berl. 1796. Cart.
892 **Bibliothek, musikalische** hrsg. von H. A. Fr. v. Eschstruth. I. Stück. Mit Portrait v. C. P. E. Bach. Marb. 1784. Pb.
893 **Blätter, fliegende f. Musik.** Wahrheit über Tonkunst und Tonkünstler. 3 Bde. Lpz. 1855—57. Hfr.
894 **Blumenlese für Clavierliebhaber.** Eine musikalische Wochen-schrift. Erster Theil. Speier, Bossler. 1782. — Neue Blumen-lese für Clavierliebhaber. Eine musikalische Wochenschrift. Zweiter Theil. Speier, Bossler, 1784. 2 Bde. 4. und 2 Bde. 8. (Liedertexte.) Pbde.
895 **Brendel u. Pohl.** Anregungen für Kunst, Leben u. Wissen-schaft. 3 Bde. Lpz. 1856—58. Hlwdbde.
896 **Briefe,** kritische über die Tonkunst mit kl. Clavierstücken und Singoden begleitet von einer musikalischen Gesellschaft in Berlin. (143 Briefe.) 3 Bände. 4. Berlin 1760—64. Pb.
897 **Cäcilia.** Eine Zeitschrift für die musikalische Welt. Band 1—27. Mainz 1824—1848. Cartounirt.
898 — — Taschenbuch für Freunde der Tonkunst. Hrsg. von Lyser. Mit 8 Zeichn. u. 4 Musikbeilagen. Hmb. 1833. Pb.
899 **Eutonia.** Eine hauptsächlich pädagogische Musik-Zeitschrift hrsg. v. I. G. Hientzsch. IV. Band. Bresl. 1830.
900 **La Feuille Chantante** ou le journal hebdomadaire composé de chansons, vaudevilles, rondeaux, ariettes, romances, duos, brunettes etc. avec un accompagnement de violon et basso chiffré p. le clavecin etc. etc. Paris, de la Chevardière 8.176., Ldb.
901 **Jahrbuch d. Tonkunst von Wien u. Prag 1796** enthält u. a. eine interessante Notiz über Beethoven.
902 **Jahrbücher für musikal. Wissenschaft.** Hrsg. v. Chrysander. 2 Bde. Lpz. 1863—67. Hfrzbde.
903 **Journal, Musikalisches** aus den neuesten deutschen u. franz. Opern ausgezogen und für's Clavier eingerichtet. Jahrg. I. II. Hamburg, s. a. Folio. Hfrzbd.
904 **Journal der Tonkunst.** Hrsg. von H. C. Koch. Erstes und Zweytes Stück. Erf. 1795. Hfr.
905 **Kunstblatt,** Leipziger, für gebild. Kunstfreunde. Insbesondere für Theater und Musik. Erster Jahrgang 1817—18. 4. (nicht weiter erschienen.) Pb.
906 **Kunstmagazin, Musikalisches, von J. F. Reichardt.** 2 Bände (I—VIII Stück.) Berl. 1782—1791. gr. 4. Hfrzbd.

907 **Magazin der Musik.** Herg. v. C. F. Cramer. I. u. II. Jahrg. in 4 Bden. Hmbrg. 1783—86. Pbde.

908 — — dasselbe. 1788. April. Copenhagen.

909 **(Marpurg)** der critische Musicus an der Sprec. 1—49 Stück. Berlin 1749—50. 4. Cart.

910 **Marpurg, F. W.** Histor. kritische Beyträge zur Aufnahme der Musik. 5 Bde. ganz complet. Berl. 1754—60. Ledrbde.

911 **Monatshefte für Musikgeschichte.** Hersg. v. d. Gesellschaft für Musikforschung. 1869.

912 **Musica.** Archiv für Wissenschaft, Geschichte, Aesthetik und Literatur d. h. n. prof. Tonkunst. Hersg. von Mettenleiter. 1. u. 2. Heft. Brisen. 1866—68.

913 **Musik,** von C. F. Cramer. Erstes Vierteljahr. Copenh. 1789. Pb.

914 **Musik, Frankfurter,** musikalisches Flugblatt z. Besprechung des Frankfurter Musiklebens Hrsg. v. H. Becker. 1865 — Frankfurter Musikzeitung. 1866. No. 1—4.

915 **Musikzeitung, Süddeutsche.** 1867—1869. 4. 2 Bde. Hl. 1 brosch.

916 **Musikzeitung, Wiener allgemeine.** Hrsg. v. A. Schmidt, später von F. Luib. 1841—48. so weit erschienen. 8 Bde. 4. Pb.

917 **Nachrichten, wöchentliche,** und Anmerkungen die Musik betreffend. 3 Bde. 4. Lpz. 1766—68. Musikalische Nachrichten u. Anmerkungen auf d. Jahr 1770. Lpz. 1770. 4. 4 Hlbfrzbde.

918 **Orpheus.** Musikal. Taschenbuch. 1840 u. 41. 2 Bde. Wien. Cart.

919 **Realzeitung, musikalische,** nebst musikal. Anthologie für Kenner und Liebhaber. — **Musikalische Correspondenz.** der deutschen Filarmonischen Gesellschaft nebst Notenblätter der musikalischen Correspondenz. Speier 1788—92. 5 Bde. 4. Cart.

920 **Sammlung** musikal. Schriften grösstentheils aus den Werken der Italiäner und Franzosen übers. von **Joh. Wilh. Hertel.** Erstes Stück. Leipz. 1757. Pb.

921 **Scudo, P.** l'année musicale. I—III. Paris 1860—62. Hl.

922 **Signale** für die musikalische Welt. Hrsg. v. B. Senff. I—VIII Jahrgang. 1843—1855.

923 **Taschenbuch,** musikal. auf d. Jahr 1803 u. 1805. I. u. II. Jahrg. Hrsg. v. J. u. A. Werden u. F. T. Mann, mit Musik von W. Schneider. Penig.

924 **Tonhalle.** Organ für Musikfreunde. Hrsg. v. O. Paul. Lpz. 1868 u. 1869. 4. Hl. u. brosch.

925 **Vielerley,** Musikalisches. Herausg. von **Carl Philipp Emanuel Bach.** Hamburg 1770. Folio. Pb. 1—51 St. (Alles Erschienen.)

926 **Vogler's Monatsschrift.** Betrachtungen der Mannheimer Tonschule. 3 Bde. 1778—81. Hfrzbde.

927 **Zeitschrift, neue, für Musik.** Begründet von Schumann, hrsg. von Brendel. Band 1—47. 1834—1857. 25 Halbfrzbde.

928 **Zeitung, Allgemeine Musikalische.** Leipzig. Breitkopf u. Härtel. Jahrg. 1—50 nebst 3 Registerbänden. Alles Erschienene. 1798—1848.

929 **Musikzeitung, deutsche.** Red. v. Selmar Bagge. I.—III. Jahrg. Wien, 1860—62. gr. 4. Hlwdbde.

930 **Allgemeine musikalische Zeitung.** Neue Folge. Red. v. Selmar

Bagge. I.—III. Iahrgang. Leipzig 1863–1865. 4. Breitk. u. Härtel. Hfrzbde.

931 **Leipziger allgemeine musikalische Zeitung.** Red. v. Selmar Bagge I.—IV. Jahrg. Leipzig. Rieter-Biedermann. 1866—1869. 4. 3 Hfrzbde. und brosch.

932 **Zeitung, allgemeine musikalische.** mit besonderer Rücksicht auf den österreich. Kaiserstaat. I.—V. Jahrg. Mit Portraits und Beilagen. Wien 1817—1821. 4. Pappbde. mit Titel.

933 **Zeitung, berlinische musikalische.** Hrsg. von J. F. Reichardt. I. u. II. Jahrg. (nicht mehr erschienen.) Berlin 1805 u. 1806. 4. Hfrzbd.

934 **Zeitung, berliner allgemeine musikalische.** Hersg. von A. B. Marx. I.—VI. Jahrg. (so weit ersch.) Berl 1824—30. 4. Pbde.

Autographen, besonders interessante Copieen und einige seltene Drucke.

935
Johann Sebastian Bach.

Dom.(inica) 18 post Trinitatis. — Herr Christ der einige Gottes Sohn. Cantate für Chor und Orchester. Partitur. 19 Seiten Hochfolio. Von der Hand Joh. Seb. Bach's. Vortrefflich erhalten.

936
Ludwig van Beethoven.

Freye Sonate für Klavier und Violonschell. 1815 gegen Ende Juli. 24 Seiten Gross-Querfolio von Beethovens Hand. Vortrefflich erhalten. (Gedruckt als op. 102. No. 1.)

937

Ludwig van Beethoven.

Ein Blatt querfolio, auf einer Seite Skizzen „Kennst
Du das Land" und „Freudvoll und Leidvoll, Gedanken-
voll sein", auf der zweiten Seite Notizen über Fugen.
Das Blatt ist nicht gut erhalten, am Rande mehrmals
eingerissen.

938

Ludwig van Beethoven.

Meeres-Stille und glückliche Fahrt. Partitur in Abschrift. Von Ludwig van Beethoven's eigener Hand
auf das Titelblatt geschrieben: „Diese Partitur ist zum
Stich bestimmt". — Auf der ersten Seite eine von B.'s
Hand geschriebene Anweisung für den Kapellmeister,
ursprünglich mit Bleistift geschrieben, später mit Dinte
überfahren. Vortrefflich erhalten. Halbfrzbd.

939

Ludwig van Beethoven.

Schottische Lieder. Für eine und mehrere Singstimmen, Violine, Violoncelle u. Clavierbegltg. Partitur in
Abschrift. Von **L. v. Beethoven** durchcorrigirtes Exemplar, hier und da mit Bemerkungen am Rande. Das
Titelblatt, von Beethoven geschrieben, lautet: „Corri-
girtes Exemplar, 43 Chansons von Ludwig van Beethoven". 1810. An der Jahreszahl scheint radirt zu sein.
Querfolio. Hfrzbd.

940
Ludwig van Beethoven.

Drei Sonaten für's Klavier dem Hochwürdigsten Erzbischofe und Kurfürsten zu Koeln Maximilian Friedrich meinem gnädigsten Herrn gewidmet und verfertigt von Ludwig van Beethoven alt eilf Jahr. Speier. In Rath Bosslers Verlage. **Beethoven's Handexemplar.** Mit Bleistift-Notizen seiner Hand am Rande des Titelblattes, woraus u. a. zu entziffern ist, dass Variationen in Cmoll bei Bossler erschienen sind.

941
Louis van Betthoven.

Variations pour le Clavecin sur une Marche de Mr. Dresler composées et dediées à Son Excellence Madame la Comtesse de Wolfmetternich née Baronne d'Assebourg par un jeune amateur Louis van Betthoven agè de dix ans. Mannheim chez le Sr. Götz Marchand et Editeur de Musique. folio. Hlwbd. Vortrefflich erhalten.

942
Ludwig van Beethoven.

Leonore. Oper in zwei Akten. **Zweite Bearbeitung** 1806. Partitur. Geschrieben. 343 Seiten gross folio. **Die Partitur dieser zweiten Bearbeitung, von Jahn mühsam zusammen gebracht, ist ein Unicum.** Vergl. Jahn's Klavierauszug der Lenore, in der Vorrede.

943

Ludwig van Beethoven.

Stücke der ersten Bearbeitung von Beethoven's Leonore in Partitur, meistens nach den Original-Manu-
scripten copirt und aus verschiedenen Quellen zusam-
mengestellt, so weit dieselben Jahn bekannt oder erreichbar waren. 241 Blätter gross folio.

944

F. Chopin.

2me Impromptu pour le pianoforte par F. Chopin.
op. 36. Sechs Seiten und Titelblatt von der Hand des
Componisten. Querfolio. Vortrefflich erhalten.

945

Francesco Durante.

Dixit a tre voci. Mit beziffertem Bass. Acht und vier-
zig beschriebene Seiten von der Hand des Componisten. Querfolio. Vortrefflich erhalten. Hlbfrzbd.

946

Joseph Haydn.

Finale (Quartett) aus der Oper l'Isola disabitata. Partitur. Sechzehn Seiten von der Hand Jos. Haydn's.
Querfolio. Vortrefflich erhalten.

947
Joseph Haydn.

Die wüste Insel. Eine Oper in zwey Akten von Jos.
Haydn; in einem vollständigen Clavier-Auszuge mit
deutschem untergelegten Texte. Abschrift. Folio. Acht
und achtzig Seiten. Halbleinenband. **Einige Correcturen
sind von Jos. Haydn's eigener Hand.**

948
G. M. Haydn.

Offertorium de omni tempore. à 4 voci in Conone:
2 VVni, Viola,

2 Flauti $\begin{cases} 2 \text{ Clarini, Timp. Organo e Bassi. di G. M.} \\ 2 \text{ Corni} \qquad\qquad\qquad\qquad\qquad [\text{Haydn.} \end{cases}$

Sechszehn Seiten von der Hand G. M. Haydn's. Querfolio. Vortrefflich erhalten.

949
Ferdinand Hiller.

Thema und Variationen für Pianoforte zu vier Hän-
den von Ferdinand Hiller. Op. 124. Herrn Professor
Jahn in Verehrung und Zuneigung. F. H. Sechs und
dreissig Seiten von der Hand des Componisten.
Gross folio.

950
Leonardus Leo.

Messe für 5 Stimmen und Orchester. Partitur. Vier
und achtzig beschriebene Seiten von der Hand des
Componisten. Querfolio. Vortrefflich erhalten. Hlbfrzbd.

951
Felix Mendelssohn-Bartholdy.
Sechs vierstimmige Lieder für Sopran, Alt, Tenor
und Bass; im Freien zu singen. (Zweites Heft) den
Herren Dr. Spiess und Dr. Martin in Frankfurt am Main
zugeeignet von F. M. B. — Op. 48. No. 1) Frühlings-
ahnung „O sanfter süsser Hauch". No. 2) Die Primel
„Liebliche Blume". No. 3) Frühlingsfeier „Süsser gol-
dener Frühlingstag". No. 4) Lerchengesang „Wie lieb-
licher Klang". No. 5) Morgengebet „O wunderbares,
tiefes Schweigen". No. 6) Herbstlied „Holder Lenz, du
bist dahin". Zwölf Seiten von der Hand Felix Mendelssohn-Bartholdy's. Gross Quarto. Vortrefflich erhalten. Halbleinenband.

952
W. A. Mozart.
Symphonie für 2 Violinen, Viola, Bass, 2 Oboen, 2
Hörner. Ueberschrift von Leopold Mozart's Hand:
„Del Sigre Cavaliere Amadeo Wolfgango Mozart à Mi-
lano 2 di Novemb. 1771". Sechszehn Blätter mit neun
und zwanzig beschriebenen Seiten von W. A. Mozart's
Hand. Querfolio. Vortrefflich erhalten. Siehe Köchel's
Themat. Verz. No. 112.

953
W. A. Mozart.
Recitativ und Arie für Bass „Cosi dunque tradisci"
„Aspri rimorsi atroci". Begleitung: 2 Violinen, Viola,
Bass, 2 Flöten, 2 Oboen, 2 Fagotten, 2 Hörner. Acht
Blätter mit sechszehn beschriebenen Seiten von W. A.
Mozart's Hand. Querfolio. Vortrefflich erhalten. Siehe
Köchel's Themat. Verz. No. 432.

W. A. Mozart.

Acht voll beschriebene Seiten von W. A. Mozart's Hand,
aus der Arie „Ah, più tremar non voglio". — Vollständige Partitur der ersten 48 Tacte. Vortrefflich erhalten. Siehe Köchel's Themat. Verz. No. 71.

955

W. A. Mozart.

Arie für Sopran „Ergo interest, an quis" „Quaere su-
perna". Vier Blätter mit sieben beschriebenen Seiten
von W. A. Mozart's Hand. Vortrefflich erhalten. Siehe
Köchel's Themat. Verz. No. 143.

---

955 a

W. A. Mozart.

Oratorium di Wolfgango Mozart composto nel Mese
di Marzo 1766. (Köchel's Themat. Verz. No. 35.) Getreue Copie von F. Pohl nach dem in der Royal Li-
brary zu Windsor befindlichen Original - Manuscript.
Dasselbe wurde 1841 durch Prinz Albert von André
angekauft. Ein dieser Copie beiliegender Originalbrief
André's vom 14. Juli 1841 bestätigt den Verkauf. 208
Seiten Querfolio. Halbfranzband.

956

W. A. Mozart.

Pour le Clavecin. Ce Livre appartient à Mademoiselle Marie Anne Mozart. 1759. Ganz getreue auch im Aeusseren dem Original entsprechende Copie des Musikbuches, aus dem Marianne und später Wolfgang Mozart die ersten Clavierlectionen nahmen und in das Wolfgang seine ersten Compositionsversuche eintrug. Die Copie ist von F. Pohl gemacht; das Original befindet sich seit 1864 im Mozarteum zu Salzburg. (Vergl. Jahn, Mozart I. 18.)

957

Leopold Mozart.

Gloria „Et in Terra" für 4 Singstimmen mit Streichquartett und beziffertem Bass. Zwölf beschriebene Seiten von Leopold Mozart's Hand. Gross Querfolio. Vortrefflich erhalten.

958

Robert Schumann.

Der Rose Pilgerfahrt No. 24. Engelstimmen „Röslein". Für 4 Solostimmen mti Clavierbegleitung. Eine Seite gross folio. Auf der Rückseite einige Skizzen, nebst Bruchstück (2 Seiten) aus einem Briefe oder Manuscript. Beides von Robert Schumann's Hand.

Praktische Musik.

P. = Partitur. P. A. = Partitur in Abschrift. P. a. A. = Partitur in alter Abschrift. B. u. H. = Breitkopf und Härtel. Pb. = Pappband. Hfr. = Halbfranzband. Ill. = Halbleinwandband. Fz. = Franz-Band. (Leder.)

959 **Albert, J. J.** Op. 31. Columbus, musikalisches Seegemälde in Form e. Symphonie. P. Mainz, Schott. Hl.

960 **Adam, A.** Le Postillon de Lonjumeau. P. 3 vols. fol. Paris. Delahante. (400 Frcs.) Hfrbde.

961 — — Chalet. Oper. P. Paris. fol. Hfr.

962 **Adlgasser, G.** Litania de venerab. Sacramento. F. 4 Singst., Orchester und Orgel. P. A. Querfol. Hl.

963 — — Offertorium de B. V. M. f. 4 St. Orch. u. Orgel. P. A. Querfol. Hl.

964 **Agricola, J. F.** Il tempio d'amore. Oper. P. a. A. (173 Seiten.) Folio. Hl.

965 — — Cantate „Gelobet sei Gott." f. 4 Singst. u. Orchester. P. a. A. Folio. Hl.

966 — — Der 21. Psalm. P. Berl. 1789. Folio. Hl.

967 **Albrechtsberger** Cantate „Jehovah, Gott ist unser Herr" für Singstimmen und Orchester. P. a. A. Folio. Hl.

968 — — Six Quatuors en Fugues für Streichquartett. Stimmen. a. A. Folio.

969 **Alexis et Justine.** P. Paris. Folio. Hfr. (Titel fehlt.)

970 **Altnicol,** Cantate „Frohlocket u. jauchzet" f. Chor u. Orchester. P. a. A. Folio. Hl.

971 **André, Joh.** Lenore. Geschriebene P. Folio. Pb.

972 — — Gesang z. Elmine. Clavier-Ausz. Berl. 1782. Querfol. Hl.

973 **Anfossi, Pasquale.** Eifersucht auf der Probe. Komische Oper in 3 Akten nach der Musik zum Geloso in Cimento. P. a. A. (320 Seiten) Folio. Prgtbd.

974 **Anna, Amalia Prinzessin.** Marche p. le Regiment du comte Lottum. Berl. 29. März 1767. P. A. 4. Pb.

975 **Annette et Lubin.** Pastorale. P. Paris. Fol. Hl.

976 **Apel, G. Chr.** Kirchl. Antiphonarium. Kiel 1845.

977 — — Vollst. Choralbuch zum Schlesw.-H.'schen Gesangbuch. Kiel 1832. Hl.

978 **Arien,** angenehme oder Weisen, nach welchen die geist- und lehrreichen Gesänge sollen abgesungen werden. Eichstädt 1777. Qu. Fol. Hptgbd.

979 **Arne, Dr.** Artaxerxes. Engl. opera. London, Johnson. gr. 4. Hfr.

980 — — Eliza. English opera. P. Lond. Walsh, gr. 4. Hfr.

981 — — The songs, duets and chorusses in the tragedy of **Elfrida.** Clavier-Auszug. London. Johnston. Qu. Fol. Hl.

982 **La belle Arsène.** P. Paris. Fol. Hfr.

983 **Asioli, Bonif.** Il Ciclope. Cantate a due vozi et Orch. P. a. A.

984 **Aspelmayr.** Sinfonia in E. dur. Stimmen. a. A. Folio.

985 **Astorga, Em. d'.** Stabat mater. P. Berlin. Bote und Bock. (2⅓ Thlr.) gr. 4. Hfr.

986 **Astorga,** Duetti. Alte Abschr. Qu. Folio. Hl.
987 **Auber, D.** F. E. Gustave ou le Bal masqué. P. 2 vols. Folio. Paris, Troupenas. (400 frcs.)
988 — -- Stumme v. Portici. Clavierausz. Brschw. Meyer. Hfr.
989 Auswahl von Gesängen aus den vorzügl. ungedruckten Opern der deutschen Bühne für's Clavier und Gesang eingerichtet von J. C. F. **Rellstab.** 2 Bde. Berlin. s. a. Pb.

990

Joh. Sebastian Bach's Werke.

Herausgegeben von der Bach-Gesellschaft in Leipzig.

Band I—XXII. Folio. 22 Halbfranzbände.

991 **Bach, J. S.** Clavierübung, bestehend in Präludien, Allemanden. Couranten, Sarabanden, Giquen, Menuetten und andern Galanterien; denen Liebhabern zur Gemüthsergözung verfertigt von **Johann Sebastian Bach,** Hochfürstl. Anhalt-Cöthnischen würklichen Capellmeyster u. Directore Chori musici Lipsiensis. Partia V. In Verlegung des Autoris. Querfolio. Hl. Mit Autograph von Joh. Brahms.
992 — — Einige canonische Veränderungen ü. d. Weynachtlied „Vom Himmel hoch da komm ich her." Vor die Orgel mit 2 Clavieren und dem Pedal. Nürnberg in Verlegung Balth. Schmid's. Folio. Hl.
993 — — Kirchenmusik. Hrsg. v. A. B. Marx. 2 Bände. Folio. Bonn, Simrock. Hl.
994 — — Kirchengesänge für Solo- u. Chorstimmen mit Instrumentalbegleitung. P. mit unterlegter Pfte-Begleitung von I. D. Schmidt. 4 Hefte in 1 Bd. Berl. Trautwein & C. Fol. Hl.
995 — — Magnificat für 5 Stimmen u. Orchester. Part. Bonn, Simrock. Folio. Hl.
996 — — Eine feste Burg ist unser Gott. Cantate für 4 Singst. mit Orchester. P. — Der 117. Psalm für 4 Singst. P. Lpz. B. u. H. folio. Hl.
997 — — Vierstimmige Choralgesänge. 2 Theile in 1 Bande. Leipz. B. u. H. 1784—85. 4. Hfr.
998 — — Comische Cantaten. Hrsg. von Dehn. No. I u. II in 1 Bande. Berlin. Crantz. Fol. Hl.
999 — - Motetten. Neue Ausgabe. 1—6 in 1 Bande. Leipzig. B. u. H. Fol. Hl.
1000 — — Six Concertos publ. p. Dehn. Lpz. Peters. Folio. Hl.
1001 — — Concert (en Ut majeur) pour 2 Clavecins publ. p. Griepenkerl. Lpz. Peters. Fol. Hl.
1002 — — Concert (en Ut mineur) p. 2 Clavecins. p. p. Griepenkerl. ib. Fol. Hl.
1003 — — Concert (en Ré mineur) p. 3 Clavecins. p. p. Griepenkerl. ib. Fol. Hl.
1004 — — Concert (en Ut majeur) p. 3 Clavecins. p. p. Griepenkerl. ib. Fol. Hl.

1005 **Bach, J. S.** Ouverture ou suite en Ut majeur publié p. Dehn. Leipzig. Peters. Hl.
1006 — — Ouverture ou suite en Si mineur publ. p. Dehn. ib. Hl.
1007 — — Ouverture ou suite en Ré majeur publ. p. Dehn. ib. Hl.
1008 — — Duett für 2 weibl. Stimmen „So ist mein Jesu nun gefangen." Berl. Trautwein. Querfolio. Hl.
1009 — — Das wohltemporirte Clavier. Lpz. B. u. H. Querf. Hl.
1010 — — Zwölf Choräle. Umgearb. v. Vogler. Zergliedert von C. M. v. Weber. Lpz. Peters. Folio. Hl.

Karl Filipp Emanuel Bach.

1011 Die Israeliten in der Wüste. Oratorium. P. Hamburg. Verlag d. Autors. 1775. Fol. Pb.
1012 Passions-Oratorium. P. i. A. Querfol. Pb.
1013 Auferst. u. Himmelf. Jesu. P. Lpz. Breitk. 1787. Fol. Hl.
1014 Psalm XL. 10. 11. P. A. Fol. Pb.
1115 Magnificat. P. a. A. Fol. Hl.
1016 Veni Sancte Spiritus. P. a. A. Fol. Pb.
1017 Sanctus. P. a. A. Fol. Pb.
1018 Heilig. Mit 2 Chören u. e. Ariette. Hamb. Verl. d. Autors. 1779. gr. Fol. Pb.
1019 Symphonie D dur. P. Lpz. B. u. H. gr. 8. Hl.
1020 Orchester-Sinfonieen. No. 1. P. Lpz. Peters. gr. 8.
1021 — — No. 2. „ „ „ „
1022 — — No. 3. „ „ „ „
1023 — — Stimmen. Lpz. 1780. Folio.
1024 — — E Moll. Stimmen in Abschrift. Fol.
1025 — — D dur. „ „ „ „
1026 Zwey Trio. I. für zwo Violinen und Bass. II. für Querflote, Violine und Bass. Nürnberg in Verlegung Balth. Schmid's. Folio. Hl.
1027 Gespraech zwischen einem Sanguineum und Melancholicum I. Sonate f. 2 Violinen u. Bass. II. Sonate B dur f. Flöte, Violine und Bass. P. und Stimmen in Abschrift. gr. 8 und Folio. Hl. u. Br.
1028 Trio f. 2 Violinen und Bass. P. und Stimmen in Abschrift. gr. 8 und Folio.
1029 Concert f. Clavier mit Quartettbegltg. Stimmen. Norimb. B. Schmid. Fol. Hl.
1030 Concert für Clavier m. Quartettbegl. Stimmen i. a. A. Fol.
1031 — — „ „ „ „ „ Berl. 1760. Fol.
1032 Sonatina „ „ „ „ „ „ 1764. 4.
1033 Concert für 2 Claviere mit Orchester. Partitur und Stimmen in Abschrift. Folio. Hl. u. brosch.
1034 Sei Sonate p. Cembalo. Norimb. G. G. Windter. Querf. Hfr.
1035 Sechs Sonaten f. Clavier. Berl. 1760. Querfolio. Hfr.
1036 Sei Sonate per Cembalo. Riga 1773. gr. 4.
1037 Claviersonaten nebst einigen Rondos. Zweyte Sammlung. Lpz. 1780. Im Verlage des Autors. Querfolio. Hl.

1038 Sonate für's Bogen-Clavier. Abschr. Fol. Hl.
1039 Kurze u. leichte Clavierstücke f. Anfänger. Abschr. Fol. Hl.
1040 Die wahre Art das Clavier zu spielen. gr. Fol. (Tit. fehlt.) Pb.
1041 Fantasia mit doppelt untergelegtem Text von Gerstenberg. Abschr. Querfolio. Hl.
1042 Phillis u. Thirsis. Cantate. Berl. 1766. Fol Pb.
1043 Morgengesang am Schöpfungsfeste. Leipzig Verl. d. Autors. 1784. Folio.
1044 Gellert's geistl. Oden u. Lieder mit Melodien. Zweite Aufl. Berl. 1759. Querfolio. Hl.
1045 — — dasselbe. Dritte Aufl. ib. 1764. Querfol. Hfr.
1046 Oden m. Melodien. Berl. 1762. Querfol. Hl.
1047 Der Wirth und die Gäste. Eine Singode vom Herrn Gleim. Berl. 1766. Pb.

1048 **Bach, Joh. Chr.** VI. Sonates f. Clavier, Violine oder Flöte et Vionloncelle. Mit Stimmen. Amsterdam, Hummel. Fol. Hfr.
1049 — — und **Bach, Joh. Mich.** Neun Mottete für Singchöre u. Orgel. Lpz. Hofmeister. Fol. Hl.
1050 **Bach, Joh., Christoph, Friedrich.** Die Kindheit Jesu ǀ von Klopstock. P. a. A. Folio. Ill.
1051 **Bach, E. A.** Trauercantate bei der Beerdigung des Fürsten Constantin von Weimar für Soli, Chor und Orchester. P. a. A. Folio. Hl.
1052 **Bach, F.** Cantate „Das ist sein Gebot" f. Chor u. Orchester. P. a. A. Fol. Hl.
1053 **Bai, T.** Virgo gloriosa f. 4 Stimmen. P. a. A. Querfol. Pb.
1054 **Bargiel, W.** Symphonie in C. f. Orchester. op. 30. P. Lpz. B. u. H. gr. 8. Hl.
1055 — — Psalm XIII für Chor u. Orchester. op. 25. P. Bonn, Simrock. Fol. Hl.
1056 — — Psalm XCVI. f. Doppelchor ohne Begleitung. Leipzig. B. u. H. Querfol. Hl.
1057 — — Ouverture zu Prometheus f. grosses Orchester. op. 16. P. Lpz. B. u. H. gr. 8. Hl.
1058 **Baumgarten, G.** v. Zemire u. Azor. Rom.-Kom. Oper. Clavier-Auszug. Breslau, Korn. 1775. Hfr.
1059 — — das Grab des Mufti, Komische Oper. Clavier-Auszug. Breslau. 1778. Pb.
1060 **Becker, C. F.** Mehrstimm. Gesänge ber. Componisten des 16. Jahrhunderts. 6 Hefte. gr. 8. Dresden, W. Paul.
1061 **Beecke, Major v.** VI Lieder von Matthisson. Augsburg, Gombast. Querfolio. Hl.

Ludwig van Beethoven.

1062

Ludwig van Beethoven's Werke.

Vollständige kritisch durchgesehene Ausgabe. Partituren.
38 Bände Folio. Eleg. Lcinwbde. Lpz. Breitkopf u. Härtel. (223 Thlr.)

A. Orchesterwerke.

1063 Symphonie I. P. Bonn, Simrock. gr. 8. Hl.
1064 „ II. P. „ „ gr. 8. Hl.
1065 „ III. (eroica) P. Bonn, Simrock. gr. 8. Hl.
1066 „ IV. P. Bonn, Simrock. gr. 8. Hl.
1067 „ V. P. Leipz. B. u. H. „ „ „
1068 „ VI. P. Leipz. „ „ „ „ „ „
1069 „ VII. P. Wien, Steiner. 4. Hfr.
1070 „ VIII. P. Wien, Haslinger Fol. Hl.
1071 „ IX. P. Mit Schlusschor. Mainz, Schott. Fol. Hfr.
1072 Egmont. Ouverture et Entr' Actes. P. Lpz. B. u. H. gr. 8. Hfr.
1073 Ouvertüre zu Coriolan. P. Bonn, Simrock. gr. 8. Hl.
1074 Grosse Ouvertüre (op. 115.) P. A. gr. 8. Hfr.
1075 Grosse Ouvertüre (in Es) zu König Stephan. Part. Wien, Haslinger. Folio. Pb.
1076 Ouvertüre zu Fidelio. P. Leipz. B. u. H. gr. 8. Hl.
1077 Ouvertüre No. 1 zu Leonore. P. Fol. Wien, Haslinger. Hl.
1078 Ouvertüre No. 2 zu Leonore. P. Lpz. B. u. H. gr. 8. Hl.
1079 — — dieselbe. Hersg. von Otto Jahn. ib. gr. 8. Hl.
1080 Ouvertüre No. 2 zu Leonore. P. a. A. Querfolio. Hfr. Nach dieser P. scheint Otto Jahn die Ouvert. herausgeg. zu haben.
1081 Ouvertüre No. 3 zu Leonore. P. Lpz. B. u. H. gr. 8. Hl.
1082 Introduction z. 2 Akt. d. Leonore. Nach Beethovens Originalpartitur geschr. v. Otto Jahn.
1083 Ouvertüre (op 124) P. Mainz. Schott. Fol. Hl.
1084 Concert C dur f. d. Violine I Satz. P. A. Fol. Hl.
1085 Concert D dur f. d. Violine. Part. Lpz. Peters. gr. 8. Hfr.
1086 Wellington's Sieg oder die Schlacht bei Vittoria. P. Wien Steiner. 4. Hfr.
1087 Deutsche Tänze. P. A. 4. Hfr.
1088 Marsch aus Tarpeja. P. A. Fol. Hl.
1089 Militair-Marsch P. A. Fol. Hl.
1090 Polonaise für Harmoniemusik. P. A. 4. Hl.
1091 Zapfenstreiche für Harmoniemusik. P. A. 4. Hl.
1092 Musik zu einem Ritterballet P. A. 4. Hl.

B. Kammermusik.

1093 Sämmtliche Trios f. 1) Violine, Viola, Violoncello, 2) Flöte, Violine, Viola. 3) 2 Hoboen und engl. Horn. P. Mannheim, Heckel. 12. Lwdb.
1094 Sämmtliche Streichquartette. Partitur. 3 Bde. 12. Mannh. Heckel. Lwdb.

1095 Streich-Quintette. Sextett u. Septett. P. Lond. Ewer u. Co. 12. Lwdb.
1096 VI Quatuors (op. 18) P. in reizender Abschrift von L. W. Dehn, mit Dedication. an Otto Jahn. 4. Hfr.
1097 Grand Septuor (op 20) P. Lpz. Peters. gr. 8. Hl.

C. Pianofortemusik.

1098 Concert No. 1. p. l. Pfte. et Orchestre. P. Frkf. Dunst. Fol. Hl.
1099 — — No. 1. dito. Leipz. Peters. 8. Hfr.
1100 — — No. 1. dito. P. Wien. Haslinger. Fol. Hfr.
1101 — — No. 2. dito. P. Frkfrt. Dunst. Fol. Hl.
1102 — — No. 2. dito. P. Leipz. Peters. gr. 8. Hfr.
1103 — — No. 3. dito. „ „ „ „ „ „
1104 — — No. 4. dite. „ „ „ „ „ „
1105 — — No. 5. dito. „ „ „ „ „ „
1106 — f. Clavier, Violine, Violoncelle u. Orchestre. P. Frkfrt. Dunst. Folio. Hl.
1107 Fantasie mit Chor. P. Leipz. B. u. H. gr. 8. Hl.
1108 Cadenza zu Beethovens Violinconcert, welches für Clavier arrangirt ist. (op. 61.) **Abschrift.** Herrn Professor Jahn zu alleiniger Benützung mitgetheilt von Joseph Fischhof in Wien. Querfolio. Hfr.
1109 Quintett f. Pianoforte, Oboe, Clarinette, Horn und Fagott. P. u. Stimmen. Frkf. Dunst. Fol. Hl.
1110 Trio für Clavier, Clarinette oder Violine und Violoncello. (op. 11.) Stimmen. Offenb. André. Querfolio. Hl.
1111 Deux Preludes par tous les 12 Tons majeurs pour le Fortepiano, ou l'Orgue composées par Louis van Beethoven. Oeuvre 39. Leipz. Hoffmeister und Kühnel. Querfol. Hl.
1112 XIV Variations f. Clavier, Violine und Violoncelle (op. 44). Stimmen. Leipz. Hoffmeister und Kühnel. Querfolio. Hl.
1113 Sonate C dur. Frankf. Dunst. Folio. Hl.
1114 — op. 106. Wien. Artaria. Folio. Hl.
1115 33 Veränderungen ü. e. Walzer. op. 120. Wien, Cappi et Diabelli. Querfolio. Hl.
1116 12 Allemandes. Frankf. Dunst. Fol. Hl.
1117 12 Variations avec Violon obligé. ib. Fol. Hl.
1118 6 Bagatelles. op. 126. Mainz, Schott. Folio. Hl.
1119 24 Variations sur l'Ariette „Venni Amore" Vienne, Cappi. Querfolio. Hl.
1120 VI Variations p. l. Clavecin sur le Trio (Tändeln u. Scherzen) etc. Bey Joseph Eder am Graben. (Wien.) Querfol. Hl.
1121 Ariette tirée d l'Operette „das rothe Käppchen." Es war einmal ein alter Mann, Variée pour le Clavecin ou Pianoforte par L. v. Beethoven a Bonn ches Simmrock (sic). Querf. Hl.
1122 Dodici Variazioni per il Piano-Forte sul Menuetto detto à la Vigano nel Ballo delle Nozze disturbato del Sigr. L. van Beethoven. Lipsia presso C. F. Peters. Querfolio. Hl.
1123 Trente deux Variations pour le Pianoforte composées p. Louis van Beethoven. A. Beul sur le Rhin. Querfol. Hl.

D. Gesangmusik.

1124 Missa solennis. P. Mainz, Schott. Fol. Eleg. Lwdb.
1125 Missa, C dur. P. Leipz. B. u. H. Querfolio. Hl.
1126 Christus am Oelberge. Oratorium. P. Lpz. B. u. H. Querf. Hl.
1127 Leonore. Clavierauszug. Lpz. B. u. H. Querfolio. Hfr.
1128 **Fidelio.** Unverkürzter Schluss des nachcomponirten ersten
    Finale z. Fidelio. — Ursprünglicher Schluss des langsamen
    Satzes „Gott welch ein Augenblick." — Eine bisher über-
    sehene Stelle f. d. kleine Flöte. — Für Otto Jahn copirt
    von Julius Rietz. Fol. Hl.
1129 Fidelio. Clavier-Auszug. Braunschweig. Pb.
1130 Die Ruinen von Athen-Festspiel P. Wien, Artaria. Fol. Hl.
1131 König Stephan. Vorspiel. P. A. (227 Seiten.) Querfolio. Hfr.
    Mit der Notiz:
    »An Herrn Professor Jahn überlassene Abschrift der ungestochenen
    Originalpartitur im Besitze der Kunsthandlung Artaria & Co., welche
    sich das Verlagsrecht so wie jede weitere Vervielfältigung im Gan-
    zen oder Theilweise ausdrücklich dabei vorbehalten. Wien, den 18.
    October 1852. Artaria & Co.«
1132 Schlussgesang „Es ist vollbracht." Alte Abschrift. Querf. Hl.
1133 Schlussgesang „Germania wie stehst du" f. Bass, Chor und
    Orchester. P. A. Fol. Hfr.
1134 Der glorreiche Augenbl. Cantate. P. Wien, Haslinger. Fol. Hl.
1135 Chor „Ihr weisen Gründer glückl. Staaten." Mit Orchester.
    P. a. A. Querfolio. Hl.
1136 P.-Entwurf eines Opernterzetts. Abschrift. Querfol. Hl.
1137 Terzett für Sopran, Tenor und Bass. Clavier-Auszug. Wien,
    Steiner. Querfolio. Hl.
1138 Elegischer Gesang op. 118. P. Wien, Haslinger. Fol. Hl.
1139 Opferlied von Mattisson. P. Für Otto Jahn copirt von
    Julius Rietz. Fol. Hl.
1140 Chor in Bdur. „Wo sich die Pulse." P. A. Folio. Hl.
1141 Bundeslied. op. 122. P. Fol. Mainz, Schott. Ill.
1142 Mit Mädeln sich vertragen. Für Bassstimme und Orchester.
    P. A. Fol. Hl.
1143 Ariette „Soll ein Schuh mich drücken." Für Sopran und
    Orchester. P. A. Fol. Hl.
1144 — — „O welch ein Leben" für Tenor u. Orch. P. A. Folio. Hl.
1145 Opferlied op. 121. P. Mainz, Schott. Fol. Hl.
1146 8 Lieder mit Pfte. op 52. Frankfurt, Dunst. Fol. Hl.
1147 An die Hoffnung op. 84. Wien, Steiner. — An die ferne
    Geliebte op. 98. Wien, Haslinger. — Zwei Lieder. Leipzig,
    Probst. — Drei Gesänge. Bonn, Simrock. Querfolio. Ill.
1148 8 Lieder. Geschrieben. Fol. Hl.
1149 25 Schottische Lieder für Singstimme, Pfte., Violine und
    Violoncelle. Berlin, Schlesinger. Folio. Hl.
1150 22 Schottische Lieder. P. A. Folio. Hl.
1151 4 Lieder für Singst. mit Violine, Violoncelle und Pfte. Ab-
    schrift. Querfolio. Hl.

1152 Jrish Songs. P. u. Stimmen. Wien, Artaria. Fol. Hl.
1153 Volkslieder für eine u. mehrere Singstimmen, Violine, Violoncelle und Pfte. P. u. Stimmen. Leipz. Peters. Fol. Hl.
1154 Ein Heft mit diversen Liedern für eine u. mehrere Stimmen mit Begleitg. von Clavier, Violine u. Violoncelle. Geschrieben. Querfol. Hl.
1155 Cantate campestre f. 4 Stimmen und Clavier. P. A. Fol. Hl.
1156 4 Terzette und Quartette mit italien. Texte ohne Begleitung. A. 4. Hl.
1157 Abschiedsgesang für 2 Tenöre und Bass, ohne Begleitung. Abschrift. 4. Hl.
1158 12 Canons Abschrift. 4. Hl.
1159 Das Glück der Freundschaft. In Musik gesetzt von Beethoven, bey Löschenkohl in Wien. 1803. Auf grell grünem Papier gedruckt. Querfol. Hl.
1160 Reliquie von Beethoven. Lied „O dass ich dir vom stillen Auge", welches er einst in das Stammbuch der baierischen Hofsängerin Regina Lang schrieb, als sie sich in Wien befand. Abschrift. Querfolio. Hl.
1161 Beethoven's Heimgang. für eine Sopranst. und Pfte. nach einer Komposition d. Verewigten. Mainz, Schott. Querf. Hl.

----—∘∘∞∘∘—----

1162 **Bellini.** Die Puritaner. Mit italienisch. Text. P. A. 2 Bände. Querfolio. Hpgtbde.
1163 — — Die Unbekannte. Clav.-Ausz. Brnschwg. Meyer. Hfrzbd.
1164 — — Norma. „ „ „ „ „
1165 **Benda.** Dominica. S. p. Trinitatis. F. 4 Stimmen m. Instrumentalbegleitung. P. a. A. Folio. Ppbd.
1166 — — Der Holzhauer. Oper. P. a. A. Querfol. Hl.
1167 — — Medea Oper. P. a. A. Querfolio. Pb.
1168 — — „ „ Clavier-Ausz. Leipzig, Schwickert. Pb.
1169 — — Ariadne auf Naxos. P. Lpz. Schwickert. Pb.
1170 — — Pygmalion. Ein Melodrama. P. A. Querfolio. Hl.
1171 — — „ Clavierauszug. Lpz. 1780 Querfolio. Hl.
1172 — — Mariechen. „ Königsb. Hartung. Querf. Hl.
1173 — — Walder. Operette. Clavierauszug mit Begleitung von Instrumenten. Gotha 1777. Querfol. Hl.
1174 -- — Orpheus. Singsp. Clavierausz. Gotha 1787. Querf. Hl.
1175 — — Der Dorfjahrmarkt „ Leipz. 1776. „ „
1176 — — Romeo und Julie „ Leipz. 1784. „ „
1177 — — Auf die Raths-Einführung. P. A. A. Fol. Pb.
1178 — — Sonate B dur für Clavier. Alte Abschrift. Mit einem musikal. Zirkel. Folio. Pb.
1179 — — Sammlung verm. Clavier- u. Gesangstücke. 6 Theile in einem Bande. Leipz. 1780. Querfolio. Hfrzbd.
1180 **Benelli, A.** Pater noster. für 5 Stimmen. P. a. A. Querf. Pb.
1181 **Berger, L.** Gesänge aus „die schöne Müllerin" mit Pfte. op. 11 Lpz. Hofmeister. Fol. Hl.

1182 **Berggreen, A. P.** Folke-Sange og Melodier f. Pfte. Kjobenhavn. 1842. Hl.
1183 **Berlioz, Hector.** Grande Messe des Morts. op. 5. P. (90 Frcs.) Paris, Schlesinger. Grossfolio. Hfr.
1184 — ·- Die Sommernächte. op. 7. P. Winterthur, Rieter-Biederm. Fol. Ill.
1185 — — Symph. Fantastique. op. 14. P. (40 Francs.) Paris, Schlesinger. Fol. Hl.
1186 **Bertholde a la Ville.** Opéra. P. Paris. Fol. Hpt.
1187 **Berton, H.** Aline, Opéra en 3 Actes. P. (42 Francs.) Paris, Duhan & Co. Folio. Hl.
1188 — — **et Trial,** Silvie, Opéra en 3 Actes. P. Paris, Trial & Co. Fol. Ledrbd. mit Goldschnitt.
1189 **Bertoni, Ferd.** Orfeo. Opera. P. Venez. Alessandri. Querf. Hl.
1190 — — Sinfonia: la bella. Stimmen. Alte Abschrift. Querfol.
1191 **Bezossi.** Sinfonie f. 2 Violinen u. Basso. P. A. gr. 8. Pb.
.1192 — — Sinfonia f. 2 Violinen u. Bass. Stimmen a. A. 4.
1193 **Blamont.** Les Caracteres de l'amour. Ballet Heroique. P. Paris, 1738. Folio. Prgtbd.
1194 **Boccherini, L.** Sechs Quartette. P. A. gr. 8. und Stimmen Folio. Wien. Artaria. Hl.
1195 — — Sechs Sonaten für Clavier und Violine. Riga 1774. 2 Bde. Folio. Hl.
1196 — — Drei Quintette f. Streichinstr. P. Firenze, Gindi. 12. Hl.
1197 **Boildieu, A.** Beniowsky. Opéra en 3 Actes. P. Paris, Erard. Folio. Hl.
1198 — — La Fête du village voisin. Opéra comique en 3 Actes. P. (60 Frcs.) Paris, Boildieu jeune. Fol. Pb.
1199 — — Ma Tante Aurore. Opéra-Bouffon en 2 Actes. P. (60 Frcs.) ib. Fol. Pb.
1200 — — Les deux nuits. Opéra comique en 3 Actes. P. (125 Frcs.) Paris, Jauer & Dotelle. Folio. Hl.
1201 — — Die weisse Dame. Clavierausz. Brnschw. Hfr.
1202 — -- Johann v. Paris. „ „ „ „
1203 **Boismortier.** Daphnis et Chloe. Pastorale. P. Paris. Fol. Ldb.
1204 **Bononcini, Ant.** Sesostri. Oper. P. A. (417 Seiten.) Querf. Hfr.
1205 **Bononcini, Giov.** Il Trionfo di Camillo. P. A. (156 Seiten.) Querfolio. Hl.
1206 **Brahms, Joh.** Serenade D dur f. grosses Orchester. op. 11. P. Lpz. B. u. H. (5½ Thl.) gr. 8. Hl.
1207 — — Serenade für kleines Orchester. op. 16. P. Bonn, Simrock. Fol. Hl.
1208 — — Ein deutsches Requiem für Solo, Chor und Orchester. op. 45. P. Winterth. Riether-Biedermann. Fol. Hfr.
1209 — — Ave Maria, f. weibl. Chor und Orchester. op. 12. P. Winterthur. Ricter-Biederm. Fol. Hl.
1210 — — Begräbnissgesang für Chor und Blasinstrumente op. 13. P. ib. Fol. Hl.
1211 — — Sextett für 2 Violinen, 2 Violen u. 2 Violoncelle. op. 18. P. Bonn, Simrock. gr. 8. Hl.

1212 **Brahms, Joh.** Sextett für dieselben Instrum. op. 36. P. Bonn Simrock. gr. 8. Hl.
1213 **Breidenstein, H. K.** Grosse Variat. u. Fuge f. Orgel. Erf. Körner.
1214 **Breitkopf, C. G.** Terpsichore im Clavierausz. Lpz. Querf. Hl.
1215 **Bremner, R.** 30 Scots Songs for a voice und harpsichord. London. gr. 4. Hl.
1216 **Bülow, H. v.** Ballade „des Sängers Fluch" für grosses Orchester. op, 16. P. Berl. Peters. gr. 8. Ill.
1217 **Burgmüller N.** Sinfonie No. 1. (C. moll) f. Orchester. P. Leipz. Kistner. (5½ Thlr.) gr. 8. Hl.
1218 — — Sinfonie No. 2. (D dur) f. Orchester. P. ib. (4½ Thlr.) gr. 8. Hl.
1219 — — Ouvertüre für Orchester. ib. (2 Thlr.) gr. 8. Hl.
1220 **Byrd, William.** Cantiones sacrae for 5 voices. Originally published 1589. Edited by Horsley. London. Folio. Hl.
1221 — — A Mass for 5 voices. London. Folio.
1222 **Le Cadi Dupé.** Opéra. P. u. Orchesterstimmen. Paris. fol. Hfr.
1223 **Caldara, Ant.**, Don Chisciotte in corte della Duchessa. Opera P. A. (223 Seiten). Querfolio. Hfr.
1224 — — Ifigenia in Aulis. Opera. P. A. Querfolio. Hfr.
1225 — — Messe in F. P. A. Querfolio. Pb.
1226 — — Miserere f. 4 Stimmen u. Orgel. P. A. Querfolio. Hl.
1227 — — Stabat mater f. 4 Stimmen u. Orgel. P. A. Querfolio. Hl.
1228 — — Cantate »Jo soffri ro tacendo«. Abschrift von Otto Jahn's Hand. gr. 4. Hl.
1229 — — Crucifixus f. 16 Singst. u. Orgel. P. a. A. folio. Hl.
1230 — — Regina coeli laetare. f. 4 Singst. Abschrift. gr. 4. Pb.
1231 — — Mottetti a due a tre voci. P. A. Querfolio. Hl.
1132 **Calcott, Cooke, Dauby, Hindle, Stevens und Webbe,** collection of glees f. 3. 4 and 5 voices. London. Querfolio. Hl.
1233 **Campra,** Tancrede. P. Paris 1702. 4. Ldrbd.
1234 — — L'Europe galante. Ballett. ib. 1699. 4. Ldrbd.
1235 **Cannabich, C.**, Mozart's Gedächtnis Feyer Seinen Manen gewidmet. München 1797. P. folio.
1236 **Carapella, T.**, Miserere. 4stimmig. P. A. — **Jomelli, Nic.** Hosanna, David etc., In monte Oliveti etc. P. A. Querfol. Hl.
1237 **Carissimi, Giac.**, Motetto »Ardens est cor meum« 4stimmig mit Orgel. — Motetto »O sacrum convivium, 3stimmig P. A, gr. 4. Hl.
1238 **Catel,** Sémiramis. Tragédie lyrique en 3 actes. P. (40 frcs.) Paris, Le Duc. fol. Hlprt.
1239 **Charpentier,** Médée. Tragedie mise en musique en 5 actes. Paris, Christophe Ballard 1704. P. folio. Hfr.
1240 — — Six fugues, für Orgel oder Clavier. Paris, Le Duc. Querfol. Hfr.
1241 **Cherubini, A.**, Messe a 3 vois et choers avec accompagnemens. P. (48 frcs.) Paris, fol. Pb.
1242 — — Messe solennelle à 4 partica avec accompagnements à grand orchestre. P. (50 frcs.) Paris, fol. Pb.
1243 — — Messe solennelle à 4 et à 5 partics avec recits,

choers et accompagnements à grand orchestre. P. (50 frcs.)
Paris, fol. Hfr.

1244 — — Requiem à 4 voix et à grand orchestre. P. Bonn,
Simrock. Pb.

1245 — — Deuxième messe de requiem pour voix d'hommes et
orchestre. P. (60 frcs.) Paris, fol. Hl.

1246 — — Sinfonie f. Orchester. P. A. (183 Seiten) gr. 8. Hl.

1247 — — Iphigenia in Aulide. P. A. (199 Seit.) Querfolio. Hfr.

1248 — — Les deux journées, opéra en 3 actes. P. Paris, fol. Hfr.

1249 — — Eliza. Opéra en 2 actes. P. (40 frcs.) Paris, fol. Hfr.

1250 — — Anacréon, opéra ballet en 2 actes. P. (50 frcs.)
Paris, fol. Nfr.

1251 — — Médée. Opéra en 3 actes. P. (50 frcs.) Paris, fol. Hfr.

1252 — — Démophoon, tragédie lyrique en 3 actes. P. Paris,
fol. Nfr.

1253 — — L'Odoïska, comédie héroique en 3 actes. P. Paris,
fol. Hfr.

1254 — — Wasserträger. Cl. A. Braunschw. Meyer. Hfr.

1255 — — Ali Baba. Ouvertüre f. Orchest. P. Lpz. B. u. H. gr. 8. Hl.

1256 — — die Abenceragen, Ouvertüre f. Orchester. P. Leipzig.
B. u. H. gr. 8. Hl.

1257 — — Elise, Ouvertüre f. Orchest. P. Lpz. B. u. H. gr. 8. Hl.

1258 — — Faniska, Ouvertüre f. Orchest. P. Lpz. B. u. H. gr. 8. Hl.

1259 — — der portugiesische Gasthof, Ouvertüre f. Orchester. P.
Leipzig. B. u. H. gr. 8. Hl.

1260 — — Chant sur la mort de Joseph Haydn. a 3 voix et
Pfte. Leipz. Kühnel. 4. Pb.

1261 **Chopin, Fr.**, Grand concerto p. Pfte. et orchestre. op. 11.
P. (7½ Thlr.) Lpz. Kistner. gr. 8. Hl.

1262 **Cimarosa**, Il matrimonio segreto. Opera comique en 2 actes.
P. 2 vols. fol. Paris. Hfr.

1263 — — Gli Orazi e i Curiazi. Opera seria. P. 2 vols. fol.

1264 — — L'Impresario in angustie ou le directeur en embar-
ras. P. Paris, fol. Hfr.

1265 — — L'Italienne à Londres. P. Toulouse, fol. Hfr.

1266 — — O Salutaris, a 3 voix. P. fol. Hl.

1267 — — die heimliche Ehe. Cl. Ausg. Braunschw. Meyer. Hfr.

1268 — — und **Mozart**, Theatralische Abentheuer, komische Oper
in 2 Acten. P. a. A. Querfolio. Hlbpgt.

1269 **Clari, J. C. M.**, La Femme jalouse. Madrigal a 2 voix. Alte
Abschrift. Querfolio. Hfr.

1270 **Clavierstücke**, kleine nebst einigen Oden. 2 Theile. Berlin 1760. Querfolio. Ill.

1271 **Clerembault**, Motette f. 1, 2 u. 3 Stimmen mit und ohne
Orgel. P. i. a. A. Querfol. Ledbd.

1272 **Collectio operum musicorum Batavorum** saeculi XVI. Edi-
dit Franc. Commer. Band I—VIII. XI. XII. (39 Thlr. 17½ Sg.)
Berlin und Mainz. fol. 2 Hlbldbde. und 2 Hefte.

1273 **Collection of Anthems** for voices and instruments. Edited
by E. F. Rimbault. London. gr. fol. Hfr.

1274 **Colonna, G. P.**, Messa f. 5 Stimmen mit Instrumentalbegl. P. A. (124 Seiten). Querfol. Hfr.
1275 **Comedia Frisingana.** Mit latein. Text. P. a. A. Querfol. Ldrbd.
1276 **Conti Francesco,** Don Chisciotte in Sierra Morena Tragicommedia 1719. P. A. (416 Seiten) folio. Hfr.
1277 **Conti, J. M.,** Messa no. 1 a quatuor da capella. P. a. A. Querf. Hl.
1278 — — — no. 2 — — — — —
1279 — — — no. 3 — — — — —
1280 **Corelli, A.** Sonate a tre, due violini e violone col basso per l'organo. 4 Bde. gr. 4. Amst. E. Roger. Elegante Ldrbde.
1281 **Dalberg, Baron,** The dying Christian to his soul. P. London. Querfolio.
1282 — — **H. v.,** Lieder. Querfolio.
1283 **Daliso al Irene.** P. a. A. Querfolio. Pergtbd.
1284 **Dal(layrac),** Nina ou la folle par amour. Comédie en 1 acte et en prose. P. (18 frcs.) Paris, le Duc, Pb.
1285 — — dasselbe. P. a. A. Querfolio. Hfr.
1286 — — Philippe et Georgette. Comédie en 1 acte et en prose. P. (30 frcs.) ib. Pb.
1287 — — Picaros et Diego on la folle soirée. P. (50 frcs.) ib. Pb.
1288 **David, Félicien.** Le desert. Ode symphonie in 3 parties. P. Mainz, Schott. fol. Hl.
1289 **Dellamaria, D.,** L'Opéra comique. Opéra en 1 acte. P. (24 frcs.) Paris, folio. Hl.
1290 **Deprès (Josquin),** Miserere. P. A. Querfolio. Pb.
1291 — — Motetto »Misericordias«. P. A. fol. Hl.
1292 **Deshaye,** Zelia, drame en 3 actes. P. (36 frcs). Paris, folio. Pb.
1293 **Destouches,** Orphale. P. Paris 1701. Ldbd.
1294 **Dittersdorf,** der Doctor und Apotheker. P. A. 2 Bände (670 Seiten). Hlnwdbde.
1295 — — Hieronymus Knicker, kom. Oper in 2 Aufz. P. A. fol. Hl.
1296 — — die Liebe im Narrenhaus. P. Mainz, Schott. Hl.
1297 — — Esther. Oratorium. P. a. A. (117 Seiten). folio. Hl.
1298 — — Die Religion, Cantate für Soli, Chor und Orchester. P. a. A. fol. Hl.
1299 — — Trois symphonies exprimant 3 metamorphoses d'Ovide. P. A. (112 Seiten). 4. Hl.
1300 — — dasselbe. Cl. Ausz. Wien, Hoffmeister.
1301 — — Symphonie Cdur. P. A. und Stimmen. gr. 8. Hl.
1302 — — — Ddur. P. A. und Stimmen. gr. 8. Hl.
1303 — — Ein Packet m. 18 Symphonien. Stimmen. in Abschr. fol.
1304 **Doles, J. F.,** Kantate »Ich komme vor dein Angesicht« für 4 Singst., Orchester und Orgel. P. Mozart und Naumann gewidmet. Leipzig 1790. fol. Seidenband.
1305 — — dasselbe. In alter Abschrift. fol. Hl.
1306 — — der 3. Psalm f. Solo, Chor u. Orchester. P. a. A. fol. Hl.
1307 — — der 33. Psalm f. Solo, Chor u. Orchester. P. a. A. fol. Hl.
1308 — — Leichen-Motetta f. 4 Singst. ohne Begl. P. a. A. fol. Hl.
1309 — — Melodien zu Gellert's geistlichen Oden. Zweite Aufl. Leipzig 1761. Querfolio. Hl.

1310 **Dommer, A. v.**, op. 1. Psalm XXIV. Cantate für 2 Chöre a capella. P. Leipzig, Kahnt. fol. Hl.
1311 **Dowland, John**, Songs. Nach der ersten Ausgabe (1597), hrsg. von W. Chappell. Lond. fol. Hfr.
1312 **Draghi, Ant.**, Psyche et amor. P. A. (159 Seit.) Querfol. Hl.
1313 **Dressler, E. C.** Melodische Lieder für das schöne Geschlecht. Frankfurt 1771. kl. 4. Pb.
1314 **Duni, Ant.**, Tantum Ergo a Soprano, Alto, due Violini e Organo. P. a. A. Hl.
1315 **Dunkel**, Die junge Wittwe und der Hagestolz, ein Intermezzo für Sopran und Bass mit Orchester. P. a. A. Hl.
1316 **Duny**, La Clochette. Comédie en 1 acte. P. (15 frcs.) Paris, fol. Hl.
1317 — — Les Sabots, piècelen 1 acte. P. (12 frcs.) Paris. fol. Hl.
1318 —· — Les Moissonneurs, comédie en 3 actes. P. (15 frcs.) Paris. fol. Hl.
1319 — — Le Rendez-vous. Comédie en 1 acte.˜ P. (12 frcs.) Paris. fol. Pb.
1320 — — La Fée urgele. Comédie en 4 actes P. (15 frcs.) ib. Hl.
1321 **Durante, Fr.**, Missa in Palestina. 4stimmig ohne Begleitung. P. A. Querfol. Pb.
1322 — — Requiem aeternam f. 4 Singst. u. Orgel. P. A. 4.'Hl.
1323 — — Psalm 126. f. 4 Singst., Viol. u. Orgel. P. A. 4. Hl.
1324 — — Litania f. 4 Singst., Streichquartett u. Orgel. P. A. 4. Hl.
1325 — — — — — — — — — — — — G. Moll. P. A. 4. Hl.
1326 — — Litania della Beata Virgine. 4stimmig mit Beglei- tung. P. A. Hl.
1327 — — Salve Regina f. 1 Singst. m. Quartettbegl. P. a. A. 4. Hl.
1328 — — Salve Regina f. 2 Bassstimmen. Berl. Bote u. Bock. 4. Hl.
1329 — — Magnificat, 4stimmig m. Orgel. P. A. Querfolio.
1330 — — 12 Duette mit Clavierbegl. Lpz. B. u. H. Hl.
1331 **Dussek**, Sinfonie Esdur. P. u. Stimmen in Abschr. gr. 8. Hl.
1332 **Eberlin, I. E.** Offertorium Benedixisti 4stimmig mit Orchester und Orgel. P. A. Querfol. Hl.
1333 — — 115 Versetten und Cadenzen für die Orgel. Mün- chen, Falter. 4. Hl.
1334 — — 65 Vor- und Nachspiele, Versetten und Fugetten für die Orgel. ib. 4. Hl.
1335 — — Fugen für Orgel. Alte Abschrift. fol. Hl.
1336 — — 9 Toccates et Fugues p. Pfte. Mainz, Schott. Pb.
1337 — — Fundamenta Partiturae. Alte Abschrift. gr. 4.
1338 **Ebhardt, G. F.** Allgemeiner Lobgesang für Chor und Or- chester. P. a. A. fol. Hl.
1339 **Eccard, Joh.** Geistliche Lieder hrsg. v. Teschner. 2 Theile. P. (5⅓ Thlr.) Lpz. B. u. H. fol. Hl.
1340 — — und **Joh. Stobaeus.** Preussische Festlieder auf das ganze Jahr herausg. von Teschner. 2 Theile. P. (8 Thlr.) Lpz. B. u. H. fol. Hl.
1341 **Ernst, Herzog v. Sachsen-Coburg-Gotha.** Zayre, grosse Oper in 3 Akten. P. 2 Bände. gr. 4. Hlrdbd.

1342 **Esser, H.** Op. 70. Suite in 5 Sätzen für gross. Orchester. P. Mainz, Schott. gr. 8. Ill.
1343 **Fasch, Carlo.** Missa a 16 voci in 4 cori. Mit Portr. s. l. fol. Hl.
1344 — — Inclina Domine, Requiem, Trauermotette. P. Berlin, Trautwein. 4.
1345 — — Mendelssohniana. Psalm XXX für 4 Stimmen. P. Berlin, Trautwein. 4.
1346 — — Concert f. 2 Oboen m. Quartettbegl. P. a. A. Querfol. Hl.
1347 **Faurner, Fr.** Symphonie Gdur. Stimmen in Abschr.
1348 **Favart,** Ninette a la Cour. Comédie en 2 actes. P. (12 frcs.) Paris. fol. Hfr.
1349 — — Annette et Lubin. Comédie en 1 acte. P. ib. fol. Hfr.
1350 **Fehre, C. L.** Oratorium in memoriam perpessionis salvatoris für 4 Singst. und Orchester. P. a. A. fol. Hl.
1351 **Feo,** Missa a 4 voci. P. a. A. fol. Hl.
1352 — — Litania a 4 voci mit Quartettbegl. P. A. Querfol. Hl.
1353 **Ferrandini, Ant.** Stabat mater. P. a. A. Querfol. Pb.
1354 **Fesca, F. E.,** der 103. Psalm f. 4 Singst. u. Orch. P. A. fol. Hl.
1355 **Fioravanti.** I virtuosi ambulanti. Opera buffa in 2 atti. P. (48 frcs.) Paris. folio. Hfr.
1356 **Foerster.** Missa f. 4 Stimmen u. Orchester. P. A. fol. Hl.
1357 **Fränzl, F.** Hariadan Barbarossa. Romant. Oper in 3 Acten. P. a. A. Querfol. Pb.
1358 **Froberger, G. G.** Toccate, Canzone etc. etc. 1693. L. Bourgeat. Hfr.
1359 **Fuchs, I. I.** Messa canonica für 4 Stimmen ohne Begleitung. P. Lips. Peters. 4. Hl.
1360 **Gade, Niels Wilh.** Op. 5. Sinfonie no. 1 für gross Orchester. P. Lpz. Kistner (5 Thlr.) gr. 8. Hl.
1361 — — Op. 10. Sinfonie no. 2 für Orchester. P. Lpz. B. u. H. (5 Thlr.) Hl.
1362 — — Op. 15. Sinfonie no. 3 f. Orchester. P. ib. (5 Thlr.) Hl.
1363 — — Op. 20. Sinfonie no. 4 für Orchester. P. Lpz. Kistner (3¹/₈ Thlr.) Hl.
1364 — — Op. 25. Sinfonie no. 5 für Orchester. P. Lpz. B. u. H. (5 Thlr.) Hl.
1365 — — Op 32. Sinfonie no. 6 für Orchester. P. Lpz. Kistner (4²/₈ Thlr.) Hl.
1366 — — Op. 7. Im Hochland. Schott. Ouvertüre für Orchester. P. Lpz. Kistner (1²/₈ Thlr.) Hl.
1367 — — Nachklänge von Ossian. Ouvertüre für Orchester. P. (1¹/₂ Thlr.) Lpz. B. u. H. Hl.
1368 — — Op. 39. Michel Angelo. Concert - Ouvertüre für Orchester. Lpz. Kistner (1¹/₂ Thlr.) Hl.
1369 — — Op. 23. Frühlings-Phantasie. Concertstück für 4 Stimmen, Orch. u. Pfte. P. (5 Thlr.) Lpz. B. u. H. fol. Hl.
1370 — — Op. 30. Erlkönigs Tochter. Ballade für Solo, Chor und Orch. P. A. (147 Seiten) gr. fol. Hl.
1371 — — Op. 50. Die Kreuzfahrer. für Solo, Chor und Orch. P. fol. Lpz. B. u. H. (7¹/₂ Thlr.) Hfr.

1372 **Gade, Niels Wilh.** Op. 35. Frühlings-Botschaft für Chor und Orch. P. (2 Thlr.) Lpz. B. u. II. fol. Hl.
1373 — — Op. 40. Die h. Nacht, für Alt-Solo, Chor und Orch. P. Lpz. B. u. H. (3½ Thlr.) fol. Hl.
1374 **Gallo,** Motette Bdur »O salutaris hostia« 4stimmig. Alte Abschrift. gr. 8. Pb.
1375 — — Motette Dmoll »Admirabile est nomen« 3 stimmig. Alte Abschrift. gr. 8. Pb.
1376 **Galuppi, B.** Il mondo alla roversa. Oper. P. A. Querfol. Hl.
1377 — — Il mondo roversa. Clav.-Ausz. Lips. Breitkopf 1758. Pb.
1378 **Gasparini, Fr.** 3 Intermezzi. P. A. Das Exemplar trägt eine Notiz von der Hand Fürstenau's, dass diese Intermezzi von Lotti 1718 in Dresden aufgeführt worden seien. Querfol. Hl.
1379 **Gassmann, Fl.** Stabat mater. 4 voci col organo. P. A. Querfol. Hl.
1380 **Gatti, L.** Offertorium für 4 St. Orch. und Orgel. P. A. Hl.
1381 **Gaveaux, A.** Avis aux femmes où le mari colère. P. (36 frcs.) Paris. fol. Hpgtb.
1382 — — Léonore ou l'amour conjugal. P. (50 frcs.) Paris. fol. Pb.
1383 **Gazzaniga.** Die eigensinnige Ehefrau. Oper in 2 Acten. P. a. A. Querfol. Hl.
1384 — — Il conventato di Pietra. P. A. Querfol. Hl.
1385 **Gerber, E. L.,** Original-Manuscript. Die Chöre nebst Arien aus Hassen's Oper: Olimpiade. P. 4. Pb. Geschrieb. Lpz. 1767.
1386 **Gerstner.** Su Marci Passionsgeschichte für 4 Singstimmen. P. a. A. folio. Hl.
1387 **Giardini, Fel.** Sei duetti a 2 soprani c. cembalo. Lips. 1762.
1388 **Gluck.** Orfeo ed Euridice. P. Paris 1764. Mit Titelkupfer p. Monnet. fol. Hfr.
1389 — — Dasselbe. P. Paris 1774. fol. Hfr.
1390 — — Alceste. P. Vienna 1769. fol. Ldrbd.
1391 — —   — P. Paris 1776. fol. Hfr.
1392 — —   — Cl. A. Berl. Rellstab. Pb.
1393 — — Paride ed Elena. P. Vienna 1770. fol. Hfr.
1394 — — Iphigenie en Aulide. P. Paris 1774. fol. Hfr.
1395 — — Armide. P. Paris. fol. Hfr.
1396 — — Echo et Narcisse. P. Paris 1779. fol. Hfr.
1397 — — Iphigenie en Tauride. P. Paris 1779. fol. Hfr.
1398 — — Il Telemaco osia l'Isola di Circe. P. A. Querfol. Hfr.
1399 — — Prologo delle Feste d'Apollo. — Atto di Bauci. — Atto d'Aristeo. — P. A. (217 Seiten) folio. Hfr.
1400 — — Pilgrimme von Mekka. P. A. fol. Hfr.
1401 — — Ezio. P. A. nebst Sinfonia p. Introduzione. fol. Hfr.
1402 — — L'Arbre enchanté. Partitur- und Orchesterstimmen. Paris 1775. fol. Hfr.
1403 — — Dasselbe. P. A. fol. Hl.
1404 — — Don Juan. Ballett-Musik. P. A. fol. Hl.
1405 — — Don Juan. Cl. Ausz. Berl. Trautwein. Hl.
1406 — — De profundis. P. Bonn, Simrock. Hl.
1407 — — Klopstock's Oden und Lieder für Klavier. Hl.

1408 **Goss, John.** Te Deum laudamus, für Chor unisono. London, Novello et C⁰. gr. 8. Pb.
1409 **Gossec, F. I.** Toinon et Toinette. P. folio. Paris. Hfr.
1410 — — Les Pecheurs. P. Paris. fol. Hfr.
1411 — — Messe des morts. P. Paris. fol. Hfr.
1412 -- — Offertorium »O salutaris hostia«. P. Coblenz. Geswein. 4. Hl.
1413 — — Simphonie de Chasse f. Orchester. P. A. gr. 8. Hl.
1414 **Graedener, C. G.** P. Zwiegesang der Elfen für 6stimmigen Chor und kl. Orchester. P. A. fol. Hl.
1415 — — Dasselbe, Clavierauszug. Hamburg, Schubert. fol. Hl.
1416 — — Acht 4stimmige Lieder für gemischten Chor. 2 Hefte. Lpz. B. u. H. (1²/₃ Thlr.) gr. 8.
1417 **Graun,** Semiramide. Dramma per musica nell' anno 1754. P. a. A. (265 Seiten). fol. Hfr.
1418 — — Armida. P. a. A. fol. Hl.
1419 — — Feste galante. P. a. A. fol. Hl.
1420 — — Coriolan. Clavierauszug in a. A. fol. Pb.
1421 — — Angelica e Medoro. Clavierauszug in a. A. fol. Pb.
1422 — — Lucio Papirio. Oper. P. a. A. (254 S.) Querfol. Ldrbd.
1423 — — Das Versöhnungsleiden Christi. Eine Passionsmusik. P. a. A. fol. Hfr.
1424 — — Der Tod Jesu. Kantate. P. Lpz. B. u. H. Hl.
1425 — — Te Deum laudamus. P. a. A. fol. Pb.
1426 — — Symphonie Gdur für Orchester. Stimmen in a. A. fol.
1427 — — — Fdur für Orchester. Stimmen in a. A. fol.
1428 — — — Cdur für Orchester. Stimmen in a. A. fol.
1429 — — — Gdur für Orchester. Stimmen in a. A. fol.
1430 — — Ouvertüre für Orchester. Stimmen in a. A. fol.
1431 — — Duetti, Terzetti, Quintetti, Sestetti ed alcuni chori delle opera del sign. **Graun.** Mit Orchester. 3 vols. gr. fol. Berlin und Königsberg, Hartung 1773—74. Pbde.
1432 — — Arie für Sopran mit Quartettbegl. P. A. fol. Hl.
1433 — — Auserlesene Oden zum Singen beim Clavier. Erste Sammlung. Berlin 1761. Querfolio.
1434 — — Dasselbe. Erste u. zw. Samml. Berl. 1764. Querfol. Hl.
1435 **Greith, C.** Requiem. P. (2¹/₄ Thlr.) Winterthur, Rieter-Biedermann. fol. Hl.
1436 **Grétry.** Anacréon chez Polycrate. P. (40 frcs.) Paris. fol. Hfr.

1437	— — Le comte d'Albert	„ (24	„	)	„	„	„
1438	— — Céphale et Procris	„ (24	„	)	„	„	„
1439	— — Les deux Avares	„ (18	„	)	„	„	„
1440	— — Guilleaume Tell	„ (30	„	)	„	„	-
1441	— — Lucile	„ (15	„	)	„	„	„
1442	— — Le Tableau parlant	„ (15	„	)	„	„	„
1443	— — Silvain	„ (15	„	)	„	„	„
1444	— — Le Huron	„ (18	„	)	„	„	„
1445	— — Les Méprises	„ (40	„	)	„	„	„
1446	— — Richard, Coeur de Lion	„ (30	„	)	„	„	„
1447	— — L'Epreuve Villageoise	„ (24	„	)	„	„	„

1448 **Grétry.** Aucassin et Nicolette	P. (18 frcs.) Paris. fol. Hfr.
1449 — — Les Evénémens Imprévus	„ (18	„	)	„	„	„
1450 — — L'Amitié à l'Epreuve	„ (24	„	)	„	„	„
1451 — —	— — (Autre Edition)	„ (15	„	)	„	„	„
1452 — — L'Embarras des Richesses	„ (24	„	)	„	„	„
1453 — — Zemire et Azor	„ (24	„	)	„	„	„
1454 — — — — — Clavierauszug. gr. 8.
1455 — — — — — Clavierauszug von Hiller. Leipzig 1783.
Querfolio.
1456 —- — L'Amant jaloux.	P. (18 frcs.) Paris. fol. Hfr.
1457 — — Le Jugement de Midas	„ (18	„	)	„	„	„
1458 — — Pierre le grand	„ (30	„	)	„	„	„
1459 — — Barbe Bleue	„ (24	„	)	„	„	„
1460 — — L'Ami de la Maison	„ (36	„	)	„	„	„
1461 — — L'Andromaque	„ (40	„	)	„	„	„
1462 — — La fausse Magie	„ (18	„	)	„	„	„
1463 — — Panirge	„ (36	„	)	„	„	„
1464 — — Lisbeth	„ (30	„	)	„	„	„
1465 — — Elisca	„ (48	„	)	„	„	„
1466 — — La Caravane de Caire	„ (24	„	)	„	„	„
1467 — — Les Mariages Samnites	„ (18	„	)	„	„	„
1468 — — La Rosière	„ (18	„	)	„	„	„
1469 **Grimm, J. O.** Op. 10. Suite in Canonform. P. Leipzig, Rieter-Biederm. gr. 8. Pb.
1470 — — Op. 12. An die Musik. P. Lpz. B. u. H. (2 Thlr.) gr. 8. Hl.
1471 **Guglielmi, P.** Il Ratto della sposa. Oper. P. a. A. Querfol. Hl.
1472 — — Lendimione. Oper. P. a. A. Querfol. Ldrbd.
1473 **Gyrowetz, A.** Op. 8. Sinfonien 1—3. P. A. gr. 8. Hl.
1474 — — Op. 6. Sinfonie. P. A. gr. 8.

1474 a

Georg Friedrichs Händel's Werke. Herausgegeben von der
deutschen Händel-Gesellschaft in Leipzig.
Band I—XXIX. fol. Hlbfrzbde.

1475 **Händel,** Cleofida. Oper. P. a. A. fol. Hl.
1476 — — Atalanta. Oper. P. London. Walsh. gr. 4. Hfr.
1477 — — Scipio. Oper. P. Lond. Cluer. gr. 4. Pb.
1478 — — Flavius. Oper. P. Lond. Walsh. fol. Hlbpgt.
1479 — — Der Messias. P. nach Mozart's Bearbeitung. Leipzig.
B. u. H. Querfol. Hfr.
1480 — — Der Messias. Clavierauszug. Berlin, Bote und Bock.
Querfolio. Lwd.
1481 — — Belshazzar. P. London, Walsh. fol. Ldrbde.
1482 — — Semele. P. A. Querfol. Hl.
1483 — — The occasional Oratorio. P. London. fol. Hl.
1484 — — Alexanders Fest oder die Gewalt der Musik. P.
Leipzig, Peters. (6²/₃ Thlr.) Hfr.

1485 **Händel**, Ode auf St. Caecilia. Instrumentirt von Mozart. P. A.
Die M'sche Instrumentation ist mit rother Dinte über die
ursprüngliche Instr. geschrieben. Querfolio. Hl.

1486 — — Empfindungen am Grabe Jesu. P. Lpz. Hl. u. B. fol. Hl.

1487 — — Te Deum Laudamus herausgegeben von J. A. Hiller.
Leipzig 1780. Querfol. Hfr.

1488 — — 4 Anthems. P. London. fol. Hl.

1489 — — L'Allegro. Il Penseroso ed il moderato. P. London,
Walsh. folio. Pb.

1490 — — Jephta. Clavierauszug mit angefügtem Quintett. London, Harrison. Querfol. Ill.

1491 — — VI Concertos for the Organ or harpsichord. P. London. fol. Hl.

1492 — — Ouvertüren f. Pfte. v. Becker. Lpz. Hofmeister. fol. Hl.

1492a **Harmonia Sacra**; or Divine Hymus and Dialogues: with a
thorow-Bass for the Theorbo-Lute, Bass-Viol, Harpsichord,
or Organ. Composed by the best masters of the last and
present age. The words by several learned and pious per-
sons. 2 vols. folio. London 1688—1693. — Angeb.: **Purcell, H.** Te Deum et Jubilate for voices and instruments.
London 1697. folio. Das Ganze in altem Lederband.

1493 **Hartmann, J. P. E.** Weyses minde. Cantate für Pfte. arr.
Kjöbenhavn 1843. 4. Pb.

1494 **Hartog, E. de.** Portia. Ouvert. dramatique. Pour grand Orchestre. P. (25 frcs.) Paris, Brandus. fol. Hl.

1495 **Hasse, G. A.** Alfonso. Dramma per musica. P. a. A. 2 Bde.
Querfolio. Lederbände mit Goldschnitt.

1496 — — Cajo Fabricio voce c. Cembalo. a. A. fol. Pb.

1497 — — Arminio P. a. A. 2 Bde. Querfol. Ldrbde. m. Goldschn.

1498 — — Arminio voce c. cimbale. a. A. fol. Pb.

1499 — — Demofoonte. P. a. A. 3 Bde. Querfolio in eleganten
Kalbledbden.

1500 — — Demofoonte. P. a. A. (1758). Hfr.

1501 — — Asteria. P. a. A. Querfol. Eleg. Ldbd.

1502 — — Leucippo. P. a. A. 3 Bde. Querf. 3 elegante Kalbldbde.

1503 — — Siroe. P. a. A. 3 Bde. fol. Pb.

1504 — — Ipermestra. P. a. A. 3 Bde. Querfol. Pb.

1505 — — Antigono. P. a. A, 3 Bde. Querfol. Hlwdbde.

1506 — — Solimanno. P. a. A. Querfol. Pb.

1507 — — L'Artaserse. P. a. A. 3 Bde. Querfol. Illwdbde.

1508 — — Didone. P. a. A. folio. Hfr.

1509 — — La Clemenza di Tito. P. a. A. fol. Pb.

1510 — — Alcido il Bivio. P. a. A. 2 Bde. höchst eleg. Ledbd.
mit Goldschnitt. Querfol.

1511 — — — Clavierausz. Leipzig, Breitkopf 1763. Pb.

1512 — — Il Re Pastore. P. a. A. Querfol. Hl.

1513 — — — — Clavierausz. In a. A. Querfol. Pb.

1514 — — Alessandro nell' Indie. P. a. A. Querfol. Pb.

1515 — — Olimpiade P. a. A. Querfol. Pb.

1516 **Hasse, G. A.** Piramo et Tisbe P. a. A. fol. Hfr.
1517 — — Titus. Clavierauszug. alte Abschr. fol. Pb.
1518 — — Talestris Clavierauszug. alte Abschr. fol. Pb.
1519 — — L'Achille in Sciro. Oper. P. a. A. 2 Bde. Querfolio. Hfr.
1520 — — Semiramide riconoscuita. (1747) P. a. A. Hfr.
1521 — — Nittetti (1758) P. a. A. Hfr.
1522 — — L'Asilo d'Amore. P. a. A. Hfr.
1523 — — Serpentes. P. a. A. fol. Pb.
1524 — — Il Giuseppe riconosciuto. P. a. A. fol. Pb.
1525 — — Sant Elena al Calvario. P. a. A. fol. Pb.
1526 — — La Conversioue di San Agostino. P. a. A. fol. Hl.
1527 — — I Pellegrini al Sepolcro di N. S. P. a. A. Querfol. Pb.
1527a — — La Reposizione dalla Croce (1744). P. a. A. Querfol. Hfr.
1528 — — Missa. P. A. gr. 4. cart.
1529 — — Requiem. P. A. fol. Hl.
1530 — — Cantate »Schon längst gewünschte Stunden.« P. a. A. fol. Hl.
1531 — — Te Deum Laudamus. P. A. Querfol. Hl.
1532 — — der 113. Psalm f. Bassstimme u. 4stimm. Chor. Bonn. Mompour. gr. 4. Hl.
1533 — — Regina coeli. P. A. Querfol. Hl.
1534 — — Arie „Misero pargoletta" P. A. Querfol. Hl.
1535 — — Te Deum laudamus. 4 Stimm. mit Orchester. P. A. Querfolio. Hl.
1536 — — Meisterstücke des italien. Gesanges, in Arien, Duetten und Chören. Hrsg. v. Hiller. P. Lpz. Junius 1791. gr. 4. Hl.
1537 — — Einzelne Arien aus Demofoonte. P. A. fol. Hl.
1538 **Hässler, Joh. Wilh.** Achtzehn leichte Sonaten f. Clavier, wovon viele mit Begleitung der Flöte oder Violine. 3 Theile. Erf. 1786—88. Mit Portr. In 1 Hfr.
1539 — — Sechs leichte Sonaten. II. Theil. Erfurth 1787. Querfol.
1540 **Hassler, H. L.,** Psalmen und Gesänge. 4stimmig. Leipzig 1777. fol. Hfr.
1541 **Hauptmann, M.,** Ouverture a grand Orchestre. P. A. Querfol.

J. Haydn.

I. Messen.

1542 Missa brevis in Bdur f. 4 Singst., Orch. u. Orgel. P. A. gr. 4. Hl.
1543 Missa in B dur f. 4 Singst., Orch. u. Orgel. P. A. gr. 4. Hl.
1544 „ „ G „ „„ „ „ „ „ „ „ „
1545 „ „ C „ „„ „ „ „ „ „ „ „
1546 Missa solennis in C dur f. 4 Singst. Orch. u. Orgelsolo. P. A. gr. 4. Hl.
1547 Messe in Bdur für 4 Stimmen, Orchester und Orgel. P. Leipzig, B. u. H. No. 1. Querfol. Hl.

1548 Messe in Cdur für 4 Stimmen, Orchester und Orgel. P.
Leipzig, B. u. H. No. 2. Querfol. Hfr.
1549 Messe in Dmoll für 4 Stimmen, Orchester und Orgel. P.
Leipzig, B. u. H. No. 3. Querfol. Hl.
1550 Messe in Bdur für 4 Stimmen, Orchester und Orgel. P.
Leipzig, B. u. H. No. 4. Querfol. Hl.
1551 Messe in Cdur für 4 Stimmen, Orchester und Orgel. P.
Leipzig, B. u. H. No. 5. Querfol. Hl.
1552 Messe in Bdur für 4 Stimmen, Orchester und Orgel. P.
Leipzig, B. u. H. No. 6. Querfol. Hl.
1553 Messe in Cdur für 4 Stimmen, Orchester und Orgel. P.
Leipzig, B. u. H. No. 7. Querfol. Hl.
1554 Messe in Fdur für 4 Stimmen, Orchester und Orgel. P. A.
Leipzig, B. u. H. Querfol. Hl.

II. Litaneien.

1555 Litania de, venerabili sacramento. P. Lpz. B. u. H. gr. 4. Hl.
1556 — — de Beata Virg. Maria. P. A. gr. 4. Hl.

III. Hymnen, Te Deum, Stabat Mater.

1557 Hymne »O Iesu te invocamus«. P. Leipzig, B. u. H. Hl.
1557a — — »Ens aeternum attende votis«. P. Leipzig, B. u. H. Hl.
1558 Te Deum. P. Leipzig, B. u. H. Hl.
1559 Stabat mater.. P. a. A. fol. Hl.
1560 Stabat mater. P. Leipzig, B. u. H. gr. 4. Hl.
1561 Salve Regina Gmoll. P. A. gr. 4. Hl.
1562 Motette »Insanae et venae curae.« P. Lpz. B. u. H. gr. 4. Hl.
1563 O Fons pietatis. Für Bass-Solo, Chor und Orchester. P.
Paris, Canaux. gr. 4. Hl.
1564 Ave Regina, für 4 Solostimmen, Streichquartett und Orgel.
P. A. gr. 4. Hl.
1565 Salve Regina, für Sopransolo, Chor, Streichquartett und
Orgel. P. A. gr. 8. Hl.

IV. Oratorien.

1566 Abramo et Isacco. P. A. Querfol. Hfr.
1567 Il Retorno di Tobia. P. A. Querfol. Hfr.
1568 Die Jahreszeiten. P. Leipzig, B. u. H. gr. 4. Pb.
1569 Die Schöpfung. P. Leipzig, B. u. H. gr. 4. Hfr.
1570 — — Clavierausz. Berlin, Challier. Querfol. Pbd.
1571 Die Worte des Erlösers am Kreuze. P. Lpz. B. u. H. Querfol. Hl.
1572 Oratorium in Fdur. **Einzige Abschrift des im British Museum befindl. Autograph.** gr. 4. Hl.

V. Opern.

1573 Il Mondo della Luna. P. A. gr. 4. Hl.
1574 Armida. P. A. Querfol. Hfr.
1575 L'Isola disabitata. P. A. gr. 4. Hl.

1576 Orlando Paladino. P. A. 2 Bde. gr. 4. u. Querfol. Hfr.
1577 La Canterina. P. A. gr. 4. Hl.
1578 Lo Speziale. P. A. gr. 4. Hl.
1579 L'Incontro Improviso. P. A. gr. 4. Hl.
1580 Le Pescatrici. P. A. gr. 4. Hl.
1581 La vera Constanza. P. A. Querfol. Hfr.
1582 L'Infideltà Delusa. P. A. gr. 4. Hl.
1583 La Fedelta premiata. P. A. gr. 4. Hl.
1584 Orfeo e Euridice. P. A. Leipzig, B. u. H. gr. 4. Hl.
1585 Alessandro il grande. P. A. 2 Bde. Querfol. Hfr.
1586 Die Erwählung eines Kapellmeisters. P. A. Querfol. Hfr.
1587 Ritter Roland. Clavierauszug. Bonn, N. Simrock. Hl.

VI. Cantaten.

1588 7 Musiknummern, (1 grosses Recitativ mit Orchester, 2 Arien, 2 Duetten und 2 Chöre) einer Gelegenheits-Cantate z. Geburtsfeier des Fürsten N. Esterhazy. P. A. Querfol. Hl.
1589 La Tempesta. P. Leipzig, B. u. H. gr. 4. Hl.
1590 Gelegenheits-Cantate z. Feier der Secundiz des Prälaten Reinerius in Zwettl im Jahre 1768. P. gr. 4. Hfr.
1591 Kantate „Denk ich Gott an deine Güte" P. Leipz. B. u. H. gr. 4. Hl.
1592 Der Versöhnungstod. P. Leipz. B u. H. gr. 4. Hl.
1593 Acide festa teatrale, che si rappresenta in Eisenstadt, nell' occasione del felicissimo Imeno, degli illustr. et excell. il Signor Conte Antonio d'Esterhazy de Galantha etc. e la Signora Contessa Teresa d'Erdödi de N. etc. etc. 1763. P. gr. 4. Hl.
1594 Triumph steig zum Himmel. Lpz. B. u. H. gr. 4. Hl.

VII. Arien.

a. Mit Orchester.

1595 Ariadne auf Naxos. Arie für Sopran. P. A. Querfol. Pb.
1596 Arie f. Sopran „O dio furor" P. A. gr. 4. Hl.
1597 „   „   „   „Ah come il core". P. A. gr. 4. Hl.
1598 „   „   „   „Chi sa - rà quell' alma". P. A. gr. 4. Hl.
1599 „   „   „   „Torna pu - re al caro". P. A. gr. 4. Hl.
1600 „   „   „   „Caro volpino amabile". P. A. Querfol. Hl.
1601 „   „   „   „Qual dubbio o mai amico" mit oblig. Clavier und Orchester. Querfol. Hl.
1602 Arie f. Sopran „dafe lice seventurata" P. A. Querfol. Hl.
1603 Vier Arien aus der Comödie Marchese P. A. gr. 4. Pb.
1604 Arie f. Sopran „Voglio amare" P. A. querfol. Hl.
1605 „   „   „   „Pro adventu" P. A. gr. 4. Hl.
1606 „   „   „   „Se tu mi spezzi" P. A. gr. 4.
1607 „   de Venerabilis für Alt. P. A. gr. 4. Hl.
1608 „   de Adventu für Alt. P A. gr. 4. Hl.
1609 „   f. Tenor. „Da che penso a maritarmi" P. A. querfol. Hl.

1610 Arie f. Tenor „Se tu mi spezzi" P. A. querfol. Hl.
1611 „ „ „ „Ah tu non sentia" P. A. querfol. Hl.
1612 „ „ Bass. „Un cor si tenero" P. A. querfol. Hl.
1613 Duett für Sopran und Tenor. a. A. fol. Hl.

b. Mit Clavierbegleitung.

1614 Arie für Sopran „Cara, é vero, io son tiranno". Leipzig,
B. u. H. querfol. Hl.
1615 Ariadne auf Naxos. Arie für Sopran. Abschr. querfol. Hl.
1616 Arie „Dice benissimo chi si marita etc." Lpz. B. u. H. Hl.

VIII. Ein- und mehrstimmige Gesänge mit Clavierbegleitung.

1617 XXIV Lieder für eine Singst., der Fräulein Franziska Liebe
Edle, v. Kreutzern gewidmet. a. A. 2 Theile. 4. Pb.
1618 „O süsser Ton" für 1 Singst. Lpz. B. u. H. querfol. Hl.
1619 „Der Tausenden so oft Freude gegeben" für 1 Singst. Leipzig, B. u. H. querfol. Hl.
1620 Der schlaue Pudel. f. 1 Singst. Lpz. B. u. H. Querfol. Pb.
1621 »Als einst mit Weibes Schönheit« f. 1 Singst. A. Querfol. Hl.
1622 Lines from the Battle of the Nile by Mrs. Knight. A. Querfol Hl.
1623 Canons. Die heiligen zehn Gebote. Lpz. B. u. H. Querfol. Hl.
1624 Fünf vierstimmige Gesänge. Lpz. B. u. H. Part. u. Stimmen.
gr. 8. Hl.
1624a Lieder beim Clavier zu singen. Mannheim, Götz. Querfol. Hl.
1625 A Selection of Original Scot Songs. Vol. II. (1 ℳ 6ß) für
1 Singstimme, Violine u. beziffert. Bass. London. fol. Pb.

1626 Minuetti da' Ballo. Amsterd. Hummel. Querfol. Hl.
1627 Trois Sonates p. le Pianoforte. Speier, Rath Bossler. Querfol. Hl.
1628 Six admired Scotch - Airs arranged as Rondos p. Pfte. u. Violine.
1629 Trois Trio'e p. Clavecin, Violine et Violoncelle. Offenb. André
gr. 4. Hl.
1630 Sieben Sonaten f. Clavier. (3¹/₆ Thlr.) Lpz. B. u. H. gr. 4.

IX. Divertimente, Trio's. Quartette u. Cassationen für
Streichinstrumente. — Kleinere Orchesterwerke.

1631 Divertimento F dur f. 2 Violinen u. Violoncelle. Partitur u.
Stimmen in Abschrift gr. 8. u. fol. Hl. u. brosch.
1632 — — E dur f. 2 Violinen u. Violoncelle. Partitur u. Stimmen
in Abschrift gr. 8. u. fol. Hl. brosch.
1633 — — H moll f. 2 Violinen und Violoncelle. Partitur in
Abschrift gr. 8. u. fol. Hl.
1634 — — F dur f. 2 Violinen u. Violoncelle. Partitur u. Stimmen
in Abschrift gr. 8. u. fol. Hl. u. brosch.

1635 Divertimento F dur für 2 Violinen und Violoncelle.　Part.
und Stimmen in Abschrift gr. 8. u. fol. Hl. u. broch.
1635 — — Es dur für 2 Violinen und Violoncelle. Partitur und
Stimmen in Abschr. gr. 8. u. fol. Hl. u. broch.
1636 — — E dur für 2 Violinen und Violoncelle. Part. und Stimmen in Abschr. gr. 8. u. fol. Hl. u broch.
1637 — — D dur für 2 Violinen und Violoncelle. Part. und Stimmen in Abschr. gr. 8. u. fol. Hl. u. broch.
1638 — — B dur für Violine, Viola und Bass. Part. und Stimmen in Abschr. gr. 8. u. fol. Hl. u. broch.
1639 Trio in B dur für Violine, Viola und Bass. Part. in Abschr.
gr. 8. Hl.
1640 — — in Es dur für Violine, Viola und Bass. Part. in Abschr. gr. 8. Hl.
1641 — — in B dur für Violine, Viola und Bass. Part. in Abschr. gr. 8. Hl.
1642 — — Es dur für Violine, Viola und Bass. Part. in Abschr. gr. 8. Hl.
1643 — — D dur für 2 Violinen, Viola und Bass. Part. und Stimmen in Abschr. gr. 8. u. fol. Hl. u. broch.
1644 — — B dur für 2 Violinen, Viola und Bass. Part. und Stimmen in Abschr. gr. 8. u fol. Hl. u. broch.
1645 Cassation B dur für 2 Violinen, Viola und Bass. Part. und
Stimmen in Abschr. gr. 8. u. fol. Hl. u. broch.
1646 — — F dur für 2 Violinen, Viola und Bass. Part. und Stimmen in Abschr. gr. 8. u. fol. Hl. u. broch.
1647 — — A dur für 2 Violinen, Viola und Bass. Part. und Stimmen in Abschr. gr. 8. u. fol. Hl. u. broch.
1648 Notturno G dur für 2 Violinen, Viola und Bass. Part. und
Stimmen in Abschr. gr. 8. u. fol. Hl. u. broch.
1649 Cassation G dur für 2 Violinen, 2 Violas und Bass. Part.
und Stimmen in Abschr. gr. 8. u. fol. Hl. u. broch.
1650 — — F dur für 2 Violinen, 2 Violas, Bass u. Hörner. Part.
und Stimmen in Abschr. gr. 8. u. fol. Hl. u. broch.
1651 — — Es dur für 2 Violinen, Viola, Bass u. 2 Hörner. Part.
und Stimmen in Abschr. gr. 8. u. fol. Hl. u. broch.
1652 — — D dur für 2 Violinen, Viola, Bass u. 2 Hörner. Part.
und Stimmen in Abschr. gr. 8. u. fol. Hl. u. broch.
1653 — — Es dur für 2 Violinen, Viola, Bass u. 2 Hörner. Part.
und Stimmen in Abschr. gr. 8. Hl.
1654 Quadro G dur für Flöte, Violine, Viola und Bass. Part. in
Abschrift. gr. 8. Hl.
1655 Quintett F dur für Violinsolo, Viola und Bass. Part. in Abschr. gr. 8. Hl.
1656 Symphonie F dur für 2 Violinen, Viola und Bass. Part. in
Abschr. gr. 8. u. folio u. broch.
1657 Echo für 2 Streichtrios. P. Berlin, Trautwein. gr. 8. Hl.
1658 Quatuors für 2 Violinen, Viola und Violoncelle. P. Berlin,
Trautwein. gr. 8. No. 1—83 in 6 Hlblwdbden.

1659 Divertimento G dur f. 2 Violinen, 2 Violen, Bass u. 2 Hörner. Part. u. Stimmen in Abschr. gr. 8. u. fol. Hl. u. broch.
1660 Scherzando G dur f. 2 Violinen, Bass, Oboen und Hörner. Part. u. Stimmen in Abschr. gr. 8. u. fol. Hl. u. broch.
1661 — — D dur f. 2 Violinen, Bass, Oboen u. Hörner. Part. u. Stimmen in Abschr. gr. 8. u. fol. Hl. u. broch.
1662 — — F dur f. 2 Violinen, Bass, Oboen u. Hörner. Part. u. Stimmen in Abschr. gr. 8. u. fol. Hl. u. broch.
1663 — — E dur f. 2 Violinen, Bass, Oboen und Hörner. Part. und Stimmen in Abschr. gr. 8. u. fol. Hl. u. broch.
1664 — — A dur f. 2 Violinen, Bass, Oboen und Hörner. Part. und Stimmen in Abschr. gr. 8. u. fol. Hl. u. broch.
1665 Der Geburtstag. Orchesterstück C dur f. 2 Violinen, Violoncelle, Bass, Flöte und Oboen. P. A. gr. 8. Hl.
1666 Sechs Minuette für 2 Violinen, Bass, Oboen und Hörner. P. A. 4. Hl.
1667 Notturno No. 1. C dur für 2 Lira und Orchesterbegleitung. P. A. gr. 8. Hl.
1668 — — No. 2. F dur für 2 Lira und Orchesterbegleitung. P. A. gr. 8. Hl.
1669 — — No. 3. G dur f. Orchester. P. A. gr. 8. Hl.
1670 — — No. 4. F dur f. Orchester. P. A. gr. 8. Hl.
1671 — No. 5. C dur f. Orchester. P. A. gr. 8. Hl.
1672 — — No. 6. G dur f. 2 Liren u. Orchester. P. A. gr. 8. Hl.
1673 — — No. 7. C dur f. 2 Liren u. Orchester. P. A. gr. 8. Hl.
1674 Divertimento F dur für 2 Violinen, 2 Fagotte, 2 engl. Hörner u. 2 Hörner. P. A. gr. 8. Hl.
1675 — — G dur für 2 Violinen, Bariton, Viola, Violoncell, Contrebass und Hörner. P. A. gr. 8. Hl.

X. Concerte.

1676 Concerto per el Cembalo c Violino principale con 2 Violini, Viola e Basso. P. A. querfol. Hl.
1677 — — in B dur f. Violine mit Orchesterbegl. P. A. gr. 8. Hl.
1678 — — f. Violoncell D dur mit Quartettbegleitung. P. A. querfol. Hl.
1679 — — für Violoncell D dur (op. 101) mit Orchesterbegleitung. P. A. gr. 4. Hl.
1680 — — per il corno di carcia mit Orch. P. A. gr. 8. Hl.
1681 — — in Es. f. Clarino mit Orchesterbeg. P. A. gr. 8. Hl.
1682 — — G dur per la Lira Organizata m. Orch. P. A. gr. 8. Hl.
1683 — — F dur per la Lira mit Orchesterbeg. P. A. gr. 8. Hl.

XI. Symphonien.

1683a.

Sammlung von **37** Symphonien, Partituren in Abschrift. kl. **4.** In **37** Halbfwdbden. Die Sammlung umfasst:
1) Symphonie D moll. 2) B dur. 3) C dur. 4) B dur. 5) B dur.

6) Fdur. 7) Ddur. 8) Emoll. 9) Bdur. 10) Esdur. 11) Gdur·
12) Es dur. 13) D dur. 14) C dur. 15) C dur. 16) F dur·
17) Es dur. 18) H dur. 19) Es dur. 20) D dur. 21) D dur.
22) C dur. 23) D dur. 24) G dur. 25) F dur. 26) G dur. 27) G moll.
28) D dur. 29) F dur. 30) B dur. 31) G dur. 32) C dur. 33) A dur.
34) Es dur. 35) Es dur. 36) D dur. 37) Es dur.

1683b Symphonie Bdur f. 2 Violinen, Viola, Bass und Oboen. Part.
und Stimmen. gr. 8. fol.
1683c Symphonie Ddur für 2 Violinen, Viola, Bass, Oboen und
Hörner. Part. u. Stimmen i. Abschr. gr. 8. und fol. Hl.
1683d — — Gdur f. 2 Violinen, Viola, Bass, Oboen und Hörner.
Part. u. Stimmen i. Abschr. gr. 8. und fol. Hl.
1683e — — Fmoll f. 2 Violinen, Viola, Bass, Oboen und Hörner.
Part. u. Stimmen i. Abschr. gr. 8. und fol. Hl.
1683f — — Dmoll f. 2 Violinen, Viola, Bass, Oboen und Hörner.
Part. u. Stimmen i. Abschr. gr. 8. und fol. Hl.
1684 — — Adur für 2 Violinen, Viola, Bass, Oboen und Hörner.
Part. u. Stimmen i. Abschr. gr. 8. und fol. Hl.
1685 — — G dur für 2 Violinen, Viola, Bass, Oboen und Hörner.
Part. u. Stimmen i. Abschr. gr. 8. und fol. Hl.
1686 — — D dur für 2 Violinen, Viola, Bass, Oboen und Hörner.
Part. u. Stimmen i. Abschr. gr. 8. und fol. Hl.
1687 — — C dur für 2 Violinen, Viola, Bass, Oboen und Hörner.
Part. u. Stimmen i. Abschr. gr. 8. u. fol. Hl.
1688 — — Fis moll für 2 Violinen, Viola, Bass, Oboen und Hörner.
Part. u. Stimmen i. Abschr. gr. 8. u. fol. Hl.
1689 — — F dur für 2 Violinen, Viola, Bass, Oboen und Hörner.
Part. u. Stimmen i. Abschr. gr. 8. u. fol. Hl.
1690 — — A dur für 2 Violinen, Viola, Bass, Oboen und Hörner.
Part. u. Stimmen i. Abschr. gr. 8. u. fol. Hl.
1691 — — Es dur für 2 Violinen, Viola, Bass, Oboen und Hörner.
Part. u. Stimmen i. Abschr. gr. 8. u. fol. Hl.
1692 — — C dur für 2 Violinen, Viola, Bass, Oboen, Hörner,
Trompeten u. Pauken. P. u. Stimmen. A. gr. 8. u. fol. Hl.
1693 Symphonieen No. 1—14. P. Lpz. B. u H. In 4 Halblwdbden.
und 2 Hefte.
1694 Symphonieen No. 1—12. P. Berlin, Bote u. Bock. In 12
Halblwdbden.
1695 Sinfonie No. 1. H dur. P. Lpz. Rieter-Biedermann.
1696 — — No. 2. G dur. P. Lpz. Rieter-Biedermann.
1697 Oeuvres de J. Haydn. Simphonies 1—4 en Partitions. Gravé
p. Richomme. 4 vols. 8. Paris. Pleyel. Pbde.
1698 XIII Symphonieen P. fol. Paris, le Duc. 1) D dur. 2) E Moll.
3) G Moll. 4) B dur. 5) B dur. 6) C dur. 7) B dur. 8) C
dur. 9) D dur. 10) C dur. 11) D dur. 12) C dur. 13) Fismoll.
Hfr. u. brosch.
1699 Symphonie A dur f. 2 Violinen, Viola, Bass, Flöten u. Hörner.
P. u. Stimme A. gr. 8. u. fol. Hl.
1700 — — C dur f. 2 Violinen, Viola, Bass, Oboen, Hörner,
Trompeten u. Pauken. P. A. gr. 8. Hl.

1701 Symphonie C dur für 2 Violini concert. mit Orchesterbegl. P. A. gr. 8. Hl.
1702 Grand March composed expressly for and presented to the Royal Society of Musicians of Great Britain. P. A. gr. 4. Hl.
1703 Musik z. Trauerspiel König Lear. Symphonie in Es. f. Orchester. P. A. gr. 8. Hl.
1704 Oeuvres de Haydn. 12 Hefte. Querfol. Lpz. B. u. H.

1705 **Haydn, Joh. Michael.**, Deutsches Hochamt m. 2 Diskant oblegat, 2 Diskant ripien, 2 Trompeten u. Orgel. Stimmen a. A. fol.
1706 -- — Requiem. P. Lpz. Peters. Querfol. Hl.
1707 — — Graduale f. 4 Singst. 2 Violinen u. Orgel. P. Wien, Diabelli. gr. 4. Hl.
1708 — — Tenebrae. Vierst. Chor. P. Lpz. B. u. H. Querfol. Pb.
1709 — - — — Vierst. Chor. Aus dem Nachlass. P. Lpz. Br. u. H. gr. 4.
1710 — — Quintett in G dur f. 2 Violinen. 2 Viola u. Bass. P. A. gr. 8. Hl.
1711 — — Quintett in F dur f. 2 Violinen, 2 Viola u. Bass. P. A. gr. 8. Hl.
1712 — — Quintett in C dur f. 2 Violinen, 2 Viola u. Bass. P. A. gr. 8. Hl.
1713 **Herold.** Zampa. P. Paris, Meissonnier. fol. Hfr.
1714 — — Marie P. ib. fol.
1715 **Hiller. Ferd.** op. 67. Sinfonie (E moll) f. gr. Orchester. P. Mainz, Schott. gr. 8. Hl.
1716 — — op. 62. Gesang Heloisens und der Nonnen am Grabe Abälards. P. Bresl. Leuckart. gr. 8. Pb.
1717 — — Saul. Oratorium. P. (19½ Thlr.) Lpz. Kistner. fol. Hfrzbd.
1718 — — Ver sacrum. P. (9 Thlr.) Lpz. B. u. H. fol. Hfrzbd.
1719 — — Loreley. „ (4½ Thlr.) „ Kistner. „ „
1720 — - „O weint um sie". P. (1 Thlr. 18 Sgr.) Bonn. Simrock. fol. Hfrzbd.
1721 — — Pfingsten. f. Chor u. Orch. P. (2 Thlr.) Lpz. Kistner.
1722 **Hiller, J. A.** Vierstimmige Motetten u. Arien in P. 6 Thle. Lpz. 1786—91. 4. Hfrzbd.
1723 — — Cantate auf d. Ankunft d. Landesherrschaft. Clavierausz. Lpz. Breitkopf. 1765. fol. Ldrbd.
1724 — — Cantaten u. Arien versch. Dichter. Lpz. Schwickert. Querfol. Pb.
1725 — — Arien u. Duetten des deutschen Theaters. 4 Sammlungen. Lpz. 1777—78. Querfol.
1726 — — Sammlung d. Lieder a. d. Kinderfreund. Lpz. 1782. Querfol. cart.
1727 — - Poltis o. d. gerettete Troja. Operette. Lpz. Schwickert. Querfol. Pb.
1728 — — Die kleine Aehrenleserin. Lpz. 1778. Querfol. Pb.
1729 — — Lottchen am Hofe. „ 1776. „ „
1730 — — Die Jagd. „ 1776. „ „

1731 **Hiller, J. A.** Die Jubelhochzeit. Lpz. 1773. Querfol. Pb.
1732 — — Der Aerndtekranz.   „ 1772.   „   „
1733 — — Der lustige Schuster.   „ 1771.   „   „
1734 — — Lisuart u. Dariolette.   „ 1769.   „   „
1735 — — Die verwandelten Weiber.   „ 1770.   „   „
1736 — — Die Liebe auf dem Lande. „ 1770.   „   „
1737 — — Der Krieg.   „ 1773.   „   „
1738 — — Sammlung kleiner Clavier- und Singstücke. 18 Samm-
      lungen in 1 Bande. Lpz. Breitkopf. 1774. Querfol. Pb.
1739 **Himmel, F. H.** Fanchon d. Leyermädchen. Oper in 3 Aufz.
      P. a. A. 2 Bde. Querfol. Hl.
1740 — — Der 146. Psalm. Chor u. Orchester. P. a. A. fol. Hl.
1741 — — Trauer-Cantate z. Begräbnissfeier Friedrich Wilhelm II.
      P. a. A. fol. Hl.
1742 **Hoffmann, E. T. A.** Sechs italien. Duettinen für Sopran und
      Tenor. Berlin. Schlesinger.
1743 **Hoffmann, L.** Missa. 4 Singstimmen. Orch. u. Orgel. P. a. A.
      Querfol. Hl.
1744 — — 10 Symphonien. Stimmen' in alter Abschrift. folio.
1745 **Hoffmeister,** der Königssohn aus Ithaka. Clavierauszug in
      Abschrift. Hfr.
1746 **Holly,** der Kaufmann v. Smyrna. Berl. 1775. Querfol. Hl.
1747 **Holzbauer, J.** Günther v. Schwarzburg. Singspiel in 3 Aufz.
      P. fol. Mannheim. Pb.
1748 — — Missa solennis. P. a. A. Hl.
1749 — — Lobamt oder deutsche Messe. P. a. A. Hl.
1750 **Homilius, G. A.** Die Freude d. Hirten üb. die Geburt Jesu.
      Chor u. Orchester. P. Frankf. 1777. fol. Pb.
1751 — — Passionscantate. P. Lpz. Breitkopf. 1775. Querfol. Pb.
1752 — — Cantate „Der Engel des Herrn lagert sich" f. Chor,
      Orch. u. Orgel. P. u. Stimmen a. A. fol. Hl.
1753 — — Cantate „Heilig sind Herr deine Rechte".P. u. Stimmen.
1754 — —   „   „Fürchtet den Herrn". P. u. Stimmen.
1755 — —   „   „Ein h. Schauer durchströmt m. Glieder".
1756 — —   „   „Kommt frohe Völker her".
1757 — — 3 Cantaten. P. a. A. fol. Hl.
1758 — — Arie f. Sopran „Gottes Güte u. Verstand" mit Orch.
      u. Orgel. P. A. fol. Hl.
1759 — — Cantate „Gott ist die'Liebe" f. 4 Stimmen. Orchester.
      P. a. A. Querfol. Hl.
1760 **Hummel J. B.** 'Zwölf deutsche Lieder mit Pfte. Berl. 1799.
      gr. 4. Hl.
1761 **Hummel, J. N.** Mathilde von Guise. Oper in 3 Akten. P. a.
      A. 3 Bde. Querfol. Hfrzbd.
1762 — — Quintett f. Pfte., Violine u. Viola, Violoncelle u. Con-
      trebass. P. Firenze, Guidi. 12. Hl.
1763 — — Septett. f. Pfte., Saiten- u. Blasinstrumente. P. ib.12. Hl.
1764 **Hurlebusch, C. F.** Compositioni musicali per il Cembalo.
      2 Theile. Hamburg, C. Fritsch sculpsit. fol. Pb.

1765 **Jensen, A.** op. 27. Der Gang nach Emmahus. P. (2 Thlr.) Lpz. Schuberth. gr. 8. Hl.
1766 **Jomelli, N.** Fetonte. P. a. A. fol. Hlfrzbd.
1767 — — Il Vologeso. P. A. fol. Hfrzbd.
1768 — — Demofoonte. „ „ „ „
1769 — — L'Artaserse. „ a. A. 2 Bde. querfolio. Hfrzbde.
1770 — — Cajus Marius. P. a. A. 3 Bde. „ „
1771 — — L'Armida abbandonata. P. a. A. 3 Bde. Querfol. Pbdc.
1772 — — Olimpiade. P. Stuttg. 1783. Querfolio. Hfrzbd.
1773 — — Missa. P. a. A. querfolio. Hl.
1774 — — Requiem. P. 'a. A. „ „
1775 — — Miserere. P. Lpz. B. u. H. folio. Hl.
1776 — — Musique Sacrée. No. 1. Victimae paschali. Mayence. Zulchner. folio. Hl.
1777 — — Symphonie Es dur Stimmen i. Abschr. folio.
1778 **Isouard, N.** Les Rendezvous. P. A. querfol. Hfrzbd.
1779 **Juma.** Sinfonie C dur. P. u. Stimmen in Abschr. gr.8. Hl. u.folio.
1780 — — C dur. „ „ „ „ „ „ „ „ „ „
1781 **Kalliwoda, G. W.** Ouvertüre. P A. Querfolio. Hl.
1782 **Kammi, Ant.** Symphonie E dur. Simmen in Abschr. Querfol.
1783 **Kanne, F. A.** Il Ciclope. Duodrama di Metastasio m. untergel. deutschen Text. Penig u. Leipz. Dienemann. Querfol. Pb.
1784 — — La Tempesta. f. 1 Stimme m. Clavier. Lpz. Hoffmeister u. Kühnel. Querfol. Pb.
1785 **Kauer.** Das Donauweibchen. P. A. 3 Bde. querfolio. Pbe.
1786 **Keiser.** Crösus. Oper. P. A. folio. Hfrzbd.
1787 — — Der lächerliche Printz Jodelet. P. A.(315Seit.)fol.Hfrzbd.
1788 — — Missa. P. A. folio. Pb.
1789 **Kellner, J. C.** Die Schadenfreude. Singspiel f. Clavier. Cassel, Waysenhaus. fol. Pb.
1790 **Kiel, Fr.** op. 20. Requiem. P. (7 Thlr.) Lpz. Peters. Hl.
1791 **Kirnberger, J. P.** Duo Prelude et Minuetto con variatione. Alte Abschrift. folio. Hl.
1792 — — Aria „Ecco quel Fiero". Mit Orch. P. A. fol. Hl.
1793 — — „ „An den Flüssen Babylons". M. Orch. P. A. fol.Hl.
1794 — — Vermischte Musikalien. Berl. 1769. Querfolio.
1795 — — Anleitung z. Singekomposition. ib. 1782. Querfol. Hl.
1796 — — Oden u. Melodien. Danz. 1773. Querfolio. Hl.
1797 **Klein, B.** David. Oratorium. P. (10 Thlr.) Lpz. Hofmeister. folio. Hfrzbd.
1798 — — Pater Noster. P. A. 4 Hl.
1799 — — Hiob. Cantate m. Chören. P. Lpz. B. u. H.
1800 — - Magnificat. P. Bonn, Mompour. Querfolio. Hl.
1801 **Klengel, A. A.** Canons et Fugues pour le Piano. 2 parties. (10 Thlr.) Lpz. B. u. H. fol. Hfrzbd.
1802 **Klingner, C.** Canticum Simeonis. P. A. querfol. Hl.
1803 **Knecht, J. H.** Le portrait musical de la nature ou grande symphonie. P. A. fol. Hl.
1804 — — Dasselbe. Orchesterstimmen. Speier, Bossler. fol.

1805 **Knecht, J. H.** Neue Kirchenmusik. (23. Psalm.) P. Leipzig. Schwickert. Querfolio. Pb.

1806 **Kobrich, J. A.** Musikalisches Vergnügen bestehend in 4 Sonaten; denen Liebhabern des Claviers zum Vergnügen aufgesetzet. Zweyter Theil. Nürnberg, Daffner. Querfol. Hl.

1807 **Königsperger, R. F. M.** Singer-Streit oder Clavierübung d. e. Praeambulum etc. Augspurg 1760. folio. Hl.

1808 **Kozeluch, L.** op. 38. 3 Sonates p. Pfte. Offenb. André. fol. Hl.

1809 — — op. 51. 3 Sonates. Lpz. Kühnel. fol. Hl.

1810 — — Sinfonie I. II. f. Klavier. Lpz. Breitkopf. Querfol. Hl.

1811 — — Symphonie F dur. Stimmen in Abschr. folio.

1812 — — An Chloe. Eine Cantate für Sopran, Bass u. Orchester. Stimmen in Abschr. folio.

1813 **Krause, E.** Arioso f. Sopran „Tönet fort ihr Melodieen". M. Instrbegl. Manuscript. Herrn Prof. O. Jahn gewidmet.

1814 **Krebs, J. G.** Die Auferstehung u. Himmelfahrt Jesu. P. a. A. folio. Hl.

1815 — — Choral „Allein Gott in der Höh' sei Ehr". P. a. A. fol. Hl.

1816 — — Cantate „Gott thue wohl an Zion" P. a. A. fol. Hl.

1817 — — „ „Preiss, Dank, Anbetung etc." P. a. A. fol. Hl.

1818 — — 8 Cantaten. P. a. A. fol. Hl.

1819 **Krebs, J. L.** Erste Lieferung der Clavierübung. — Zweyte Lieferung d. Choral-Fugen. Alte Abschrift. fol. Hl.

1820 — — Clavierübung in verschied. Vorspielen u. Veränderungen. Abschrift. fol. Hl.

1821 — — Erste Piece, bestehend in 6 leichten, und nach dem heutigen gusto, Wohl- eingerichten Pracambulis. — Andere Piece, besteh. i. e. Suite etc. 1740—41. Cart.

1822 **Kreusser, G. A.** Der Tod Jesu. P. a. A. (157 Seiten) gr. fol. Hl.

1823 **Kreutzer, M.** Paul u. Virginie P. (40 frcs.) Paris. fol. Hfrzbd.

1824 — — Lodoiska. P. (25 frcs.) Paris. folio. Hfrzbd.

1825 **Kühnau, J. C.** Das Weltgericht. Clavierausz. Berl. 1784. fol. Hl.

1826 **Kunzen, F. L.** Das Halleluja der Schöpfung. P. Zürich, Nägeli. folio. Pb.

1827 **Lachner, Fr.** op. 113. Suite No. 1. P. (7 fl. 12 kr.) Mainz, Schott. gr. 8. Hl.

1828 — — op. 115. Suite No. 2. P. (6 fl. 36 kr.) gr. 8. Hl.

1829 — — op. 122. „ „ 3. „ (7 fl. 12 kr.) „ „ „

1830 — — op. 129. „ „ 4. „ (8 fl. 24 kr.) „ „ „

1831 — — op. 56. Symphonie VI. P. (8 Thlr.) Wien, Haslinger. folio. Hfrzbd.

1832 **Landi, St.** Il S. Alessio. Dramma musicale. P. A. querfol. Hl.

1833 **Lassus, Orlandus, de.** Psalmos VII Poenitentiales. Hrsg. v. Dehn. P. (4 Thlr.) Berol. Crantz. fol. Hl.

1834 — — Messe „Or-sus a coup" hersg. von Ferrenberg. Cöln 1851. querfol. Hl.

1835 — — Selectissimae Cantiones a 5 voces. Noribergae 1587. In 5 Hfrzbdn. Schön erhalt. Exempl.

1836 **Le Moyne.** Phèdre. P. Paris. fol. Hfrzbd.

1837 **Leo, L.** Cor mundum a 2 Cori m. Orgelbegl. P. a. A. 4. Pb.

1838 **Leo, L.** Miserere mei Deus a 8 voci. P. a. A. folio. Pb.
1839 — — Decebalo. Oper. P. A. fol. Hfrzbd.
1840 — — Sant Elena. Oratorium. P. n. A. 2 Bde. Elegant in roth Leder geb.
1841 — — Missa a due cori a capella. P. A. querfol. Hl.
1842 — — Dixit Dominus. f. 5 Stimmen u. Orch. P. A. fol. Pb.
1843 — — Te Deum. 4stimmig m. Orch. P. A. Cart.
1844 — — „Heu heu nos miseros" Hymne. 9st. m. Orgel. P. A. querfolio. Hl.
1845 — — IX Lezzioni della Settimana santa. P. A. querfol. Hfrzbd.
1846 **Lesueur.** Ossian ou les Bardes. P. (60 frcs.) Paris. 3 vols. folio. Hlwdbde.
1847 — — Paul. u. Virginie. P. (36 frcs.) ib. fol. Hl.
1848 — — Télémaque. P. (40 frcs.) Paris. 2 vols. fol. Hfrzbde.
1849 — — Recueil de Morceaux Suerés. 17me Livraison. (50 frcs.) Paris. fol. Hfrzbd.
1850 **Lieder** u. Bilder aus der Schweiz. Bern 1837. 4. Mit hübschen Randzeichnungen.
1851 — — eines Mädchens beym Singen am Klavier. Münster. Perrenon. 1774. Querfolio. Hl.
1852 — — u. Sprüche aus der letzten Zeiten des Minnegesanges. übersetzt, für gemischten u. Männerchor, vierst. bearb. von Liliencron u. Stade. Weimar, Böhlau. (2 Thlr.) 4. Hfr.
1853 **Lignivllle.** Stabat Mater a 3 voci in canone. P. A. querfol. Pb.
1854 **Liszt, F.** Missa solennis. P. Wien 1859. grösstes folio. Mit Autograph. d. Componisten. Hl.
1855 — — Symphon. Dichtungen No. 1. P. (4 Thlr.) B. u. H. gr.8.Hl.
1856 — — — — No. 2. P. (2 Thlr.) B. u. H. gr. 8. Hl.
1857 — — — — No. 3. „ (2¹/₂Thlr.) „ „ „ „ „ „
1858 — — — — No. 4. „ (1 Thlr.) „ „ „ „ „ „
1859 — — — — No. 5. „ (2 Thlr.) „ „ „ „ „ „
1860 — — — — No. 6. „ (3 Thlr.) „ „ „ „ „ „
1861 — — — — No. 7. „ (2¹/₂Thlr.) „ „ „ „ „ „
1862 — — — — No. 8. „ (1¹/₂Thlr.) „ „ „ „ „ „
1863 — — — — No. 9. „ (3¹/₂Thlr.) „ „ „ „ „ „
1864 — — — — No. 10. „ (1¹/₆Thlr.) „ „ „ „ „ „
1865 — — — — No. 11. „ (2¹/₂Thlr.) „ „ „ „ „ „
1866 — — — — No. 12. „ (2¹/₂Thlr.) „ „ „ „ „ „
1867 — — Varianten zu No. 7. Festklänge. P. (1 Thlr.) B. u. H. gr. 8. Hl.
1868 — — Eine Faust-Symphonie in 3 Charakterbildern. Part. (7 Thlr.) Lpz. Schubert. gr. 8. Hl.
1869 — — Symphonie zu Dante's Divina Comedia. P. (5¹/₂ Thlr.) Lpz. B. u. H. gr. 8. Hl.
1870 — — Chöre z. Herder's entfesseltem Prometheus. P. (5 Thlr.) Lpz. Kahnt. 4 Hfrzbd.
1871 — — An die Künstler. f. Männergesang u. Orchester. Part. u. Klavierausz. Weimar 1864. fol. Hfrzbd.
1872 **Löhlein, G. S.** Clavierschule. 2 Bde. Lpz. u. Züllichau 1779. Querfolio. Hpt.

1873 **Loos**, Stabat Mater. 4stimmig mit Quartett u. Orgel. P. a. A. fol. Pb.
1874 **Lotti**. Alessandro severo. Oper. P. A. (398 Seit.)querfol.Hfrzbd.
1875 — — 3 Intermedii. P. A. querfolio. Hl.
1876 — — Madrigali: 4 Duette, 1 Quintett, 2 Quartette. P. A. folio. Hfrzbd.
1877 — — — — 2 Bde. P. A. querfolio. Pbde.
1878 — — Missa a 4 voci. P. A. kl. folio. Hl.
1879 — — Credo F dur 4stimmig, Orch. u. Orgel. P. A. fol. Hl.
1880 — — — G dur 8 „ „ „ „ „ „ „ „
1881 — — Motetto u. Miserere. 4 voci a capella. P. A. querfol. Hl.
1882 — — Magnificat. 4stimmig m. Orgel. P. A. querfol. Hl.
1883 — — Miserere. 4stimmig a capella. P. A. gr. 8. Hl.
1884 **Lully, de**. Roland. P. Paris 1685. folio. Ldrbd.
1885 — — Atys. „ „ 1709. „ „
1886 — — Phaëton. „ „ 1683. „ „
1887 — — Thésée. „ „ 1711. „ „
1888 — — Alceste. „ „ 1716. „ „
1889 — — Amadis. „ „ 1684. „ „
1890 — — Acis et Galatee. P. Paris 1686. folio. Ldrbd.
1891 — — Armide. „ „ 1730. „ „
1892 — — Le Triomphe de l'amour. P. Paris 1681. fol. Ldrbd.
1893 — — Motets a deux Choeurs. (1684.) P. A. folio. Hfrzbd.
1894 **Luther's** deutsche geistl. Lieder. Hersg. von C. v. Winterfeld. Mit Holzschn. u. Zeichnungen v. Strähuber. Lpz. 1840. fol. In rothe Seide geb.
1895 **Lvoff, Al**. Stabat Mater. P. Wien, Glöggl. folio. Hl.
1896 **The Madrigalian-Feast**. A collection of 20 Madrigals for Sopran and other Voices. London, Knight & Co. Fol. Hl.
1897 **Maier, Julius**, op. 8. 7 Vierst. Lieder. P. u. Stimmen. Leipz. B. u. H. gr. 8. Pb.
1898 **Le Maitre en droit**. Opéra Bouffon. P. Paris. Fol. Hl.
1899 **Majo, Giovanno Franc. de**. Alle Dame (1759.) P. A. (473 Seiten.) Querfolio.
1900 **Marazzolli**. La vita humana. Oper. P. a. A. Querfolio. Hl.
1901 **Marcello**. Cantaten. P. a. A. Querf. Hfr.
1902 — — Burla. Madrigale. 5 stimmig a capella. P. A. Querf. Hl.
1903 — — Estro Poetico-Armonico. Parafrasi sopra li primi venticinque salmi. Poesia di Girolamo Ascanio Gimtiniani, Musica di Benedetto Marcello. 8 vols. Fol. Venez. 1803. Hfr.
1904 — — Il Têmoteo. Cantata a voce solo. P. A. Fol. Hl.
1905 — — La Cassandra. Cantata a 2 voci. P. A. Folio. Hl.
1906 — — Aria „Alla mia bella ingrata" Mit Orchester. P. a. A. 4. Hl.
1907 **Marpurg, F. W**. Clavierstücke m. pract. Unterricht. 3 Theile. Berl. 1762—63. Pb.
1908 — — Fugen-Sammlung. Berl. 1758. Fol. Pb.
1909 **Martin, V**. Il sogno Cantata a 3 voci mit Orchester. P. a. A. Querfolio. Hl.
1910 — — Lilla. Oper in 2 Abthlgen. P. A. 2 Bde. Querf. Hl.
1911 **Martini, G. B**. Sinfonia No. 1. A dur. P. A. 4. Hl.

1912 **Martini, G. B.** Sinfonia No. 2. G dur. P. A. 4. Hl.
1913 — — „ No. 3. D dur. „ „ „ „
1914 — — „ No. 4. G dur. „ „ „ „
1915 — — Laudate dominum. 5 Stimm. u. Orch. P. A. Querf. Hl.
1916 — — Chirie. 2 Chöre mit Orchester. P. A, Querf. Hl.
1917 — — Dixit. 5 Stimmen mit Orchester u. Orgel. P. A. Querf. Hl.
1918 — — Beatus vir 2 Chöre m. Orch. u. Orgel. P. A. Querfol. Hl.
1919 — — Duetti da Camera- P. Bologna 17 . . Folio. Hfr.
1920 — — Crucifixus a canto solo u. Orchester P. A. Querf. Hl.
1921 — — Dreist. Messe. P. A. Querfol. Ill.
1922 — — Messe, C. Moll. f. 3 Männerst. m. Orgel. P. A. Fol. Hl.
1923 — — Messe de Requiem. für 4 Stimmen mit Orchester. P. A. gr. 4. Hl.
1924 — — 6 Fugen für 4 Stimmen u. Bass. Lpz. Hofmeister. Fol. Hl.
1925 **Martini, M.** Le Droit du Seigneur. P. (30 Frcs.) Paris. Fol. Hfr.
1926 **Marx, A. B.** Mose. Oratorium. P. (15 Thlr.) Lpz. B. u. H. Fol. Hl.
1927 **Mattheson, Joh.** Doppel-Fugen. Lpz. Hofmeister. gr. Fol. Hl.
1928 **Méhul.** Une Folie. P. (60 Frcs.) Paris, Pleyel. Fol. Lwd.
1929 — — Les deux aveugles de Tolède P. (50 frcs.) Paris. fol. Hl.
1930 — — l'Euphrosini ou le Tyran corrigé. P. (40 Frcs.) Fol. Paris. Cousineau. Hfr.
1931 — — L'Irato. P. (45 Frcs.) Paris, Pleyel. Fol. Eleganter
1932 Leinwandband mit Goldschnitt.
— — Mélidore et Phrosine. P. Paris, Cousineau. Fol. Hfr.
1933 — — Joseph. P. (40 Frcs.) Paris. Fol. Hfr.
1934 — — Ouverture Clav.-Ausz. Brnschw. Meyer. Hfr.
1935 — — Héléna. P. (60 Frcs.) Paris. Fol. Hfr.
1936 — — Valentine de Milan. P. (72 Frcs.) Paris. Folio. Hfr.
1937 — — Stratonice. P. (24 Frcs.) Paris. Folio. Hfr.
1938 — — Uthal. P. (36 Frcs.) „ „ „
1939 — — Horatius Coclès. P. (25 Frcs.) Paris. Folio. Hfr.
1940 — — Ouverture de Bion. P. A. Fol. Pb.
1941 **Meinardus, L.** König Salomo. Oratorium. P. (20 Thlr.) Bremen, Cranz. fol. Hfr.

Felix Mendelssohn-Bartholdy.

1942 **Mendelssohn-Bartholdy, Felix.** op. 11. Symphonie No. 1. P. (4 Thlr.) Berlin. Fol. Hl.
1943 — — op. 107 Reformationssymphonie. P. (4⁴/₈ Thlr). Bonn, Simrock. gr. 8. Hl.
1944 — — op. 56. Symphonie No. 3. P. (5¹/₂ Thlr.) Leipzig, B. u. H. gr. 8. Hl.
1945 — — op. 90. Symphonie No. 4. P. (4¹/₂ Thlr.) Leipzig, B. u. H. gr. 8. Hl.
1946 — — Drei Concertouvertüren. P. 1) Sommernachtstraum. 2) Fingalshöhle. 3) Meeresstille u. gl. Fahrt. (5 Thlr.) Lpz. B. u. H. — Ouvertüre z. Melusine. P. (1²/₃ Thlr.) ib. — Ouv. z. Ruy Blas. P. (2 Thlr.) Leipzig, Kistner. gr. 8. In einem eleg. Halbfrzbd.

1947 **Mendelssohn.** op. 101. Ouvert. (Trompetenouvert.) P. (2 Thlr.)
B. u. H. gr. 8. Hl.
1948 — — op. 24. Ouvertüre z. Harmoniemusik. P. (1¹/₃ Thlr.)
Bonn, Simrock. gr. 8. Hl.
1949 — — op. 108. Marsch für Orch. P. Leipz. Rieter-Biederm.
gr. 8. Hl.
1950 — — op. 103. Trauermarsch. P. Rieter-Biedermann gr. 8. Hl.
1951 — — op. 64. Concert für Violine und Orch. P. (4³/₈ Thlr.)
Leipzig. gr. 8. Hl.
1952 — — op. 25. Concert. G moll für Pfte. und Orchester.
P. (2⁵/₆ Thlr.) Lpz .B. u. H. gr. 8. Hl.
1953 — — op. 40. Concert D moll für Pfte. und Orchester. P.
(2⁵/₆ Thlr.) Lpz. B. u. H. gr. 8. Hl.
1954 — — op. 22. Capricio für Pfte. und Orch. P. (1¹/₂ Thlr.)
Lpz. B. u. H. gr. 8. Hl.
1955 — — Quartette I—VI. P. (6⁵/₆ Thlr.) — Andante, Scherzo,
Capriccio u. Fugo. (op. 81.) 1'. (1 Thlr.) Leigzig, B. u. H.
gr. 8. In einem Hfr.
1956 — — op. 18. Quintett. P. Bonn, Simrock. (1³/₆ Thlr.) Hfr.
1957 — — op. 87. Quintett. P. Leipz. Breitkopf. (1¹/₂ Thlr.) Hfr.
1958 — — op. 20. Otteto. „ „ „ (3 Thlr.) „
1959 — — Paulus. P. (20 Thlr.) Bonn, Simrock. Fol. Hfr.
1960 — — Elias „ (80 Frcs.) „ „ „ „
1961 — — op. 97. Recitative u. Chöre aus dem Orator. „Christus."
P. (4 Thlr.) Leipz. B. u. H. Fol. Hl.
1962 — — op. 52. Lobgesang. Symphonie-Cantate. P. (12 Thlr.)
Leipz. B. u. H. Fol. Hfr.
1963 — — op. 91. Der 98. Psalm f. 8 Stimmen und Orchester.
P. Leipz. Kistner. Folio. Hl.
1964 — — op. 51. Der 114. Psalm f. 8 Stimmen und Orchester.
P. (3 Thlr.) Lpz. B. u. H. Fol. Hl.
1965 — — op. 73. Lauda Sion. P. Mainz, Schott. fol. Hl.
1966 — — op. 31. Psalm „Non nobis Domine etc." P. Bonn,
Simrock. fol. Hl.
1967 — — op. 42. Der XLII Psalm. P. (4 Thlr.) B. u. H. fol. Hl.
1968 — — op. 46. Der 85. Psalm. P. (4 Thlr.) Lpz. Kistner. fol. Hl.
1969 — — „Verleih uns Frieden." P. Lpz. B. u. H. fol. Hl.
1970 — — op. 98. No. 2. Ave Maria für Sopran u. Orchester.
P. Leipzig. Rieter-B. fol. Hl.
1971 — — op. 96. Hymne f. Alt, Chor uud Orch. P. (2²/₃ Thlr.)
Bonn, Simrock. fol. Hl.
1972 — — Kirchenmusik für Chor. 1—3. P. (1²/₃ Thlr.) Bonn,
Simrock. gr. 8. Hl.
1973 — — „Tu es Petrus." P. A. Querfol. Hl.
1974 — — op. 78. Drei Psalmen. P. (2²/₈ Thlr.) Leipz. B. u. H.
Querfol. Hl.
1975 — — Kyrie f. 2 Chöre. P. A. Querfolio. Hl.
1976 — — op. 60. Die erste Walpurgisnacht. P. (7¹/₂ Thlr.)
Leipz. Kistner. Folio. Hl.
1977 — — Antigone d. Sophocles. P. (12 Thlr.) Lpz. Kistner. fol. Hl.

1978 **Mendelssohn.** op. 93. Oedipus in Kolonos. P. (10 Thaler.) Leipzig, B. u. H. folio. Hfr.
1979 — — op. 74. Athalia. P. (10 Thlr.) Leipz. B. u. H. fol. Lwdb.
1980 — — op. 61. Ein Sommernachtstraum. P. (10 Thlr.) Lpz. B. u. H. folio. Hfr.
1981 — — op. 98. Finale des ersten Aktes der Oper „Loreley." P. (4 Thlr.) ib. fol. Hl.
1982 — — Ouverture zur einsamen Insel. Mendelssohn's erste Bearbeitung d. Hebriden. P. A. Querfol. Hl.
1983 — — op. 98. Festgesang an die Künstler. P. (2 Thlr. 4 Sgr.) Bonn, Simrock. fol. Hl.
1984 — — op. 89. Heimkehr aus der Fremde. P. Leipzig.B. u. H. Querfolio. Hfr.
1985 — — Festgesang für Männerchor mit 2 Orchester P. A. folio. Cart.
1986 — — op. 69. Drei Motetten. P. (2½ Thlr.) ib. fol. Hl.
1987 — — op. 69. „ „ für weibl. Stimmen m. Orgel.
1988 — — op. 84. Concert - Arie für Sopran mit Orchester. P. (2 Thlr.) Leipz. B. u. H. fol. Hl.
1988 a. Lied „Vaterland in deinen Gauen" — Zwei Romanzen. — 2 Volkslieder. Zweistimmig. fol. Hl.
1988 b. Zwölf Gesänge mit Pfte. Berlin, Schlesinger. Hl.
1988 c. Zwölf Lieder „ „ „ „ Querfol. Hl.
1988 d. Sechs Gesänge op. 19. — Sechs Gesänge op. 34. — Sechs Lieder op. 47. — A. v. Villers, Lieder. 2 Hfte. Querf. Pb.
1988 e. Lieder u. Gesänge. Neue Ausg. Leipzig. B. u. H. (2 Thlr.)

1989 **Menuetten.** Zwei neugestochene Kuriose für's Klavier, dem Herrn Forkel in Göttingen zugeeignet. Berlin 1778. Pb.
1990 **Merulo Cl.** Magnificat f. 3 Chöre ohne Begl. P. A. Querfol. Hl.
1991 — — „ „ 2 „ „ „ „ „ „ „
1992 **Metastasio.** 36 Canoni. Vienna 1782. Artarie. 4. Hl.
1993 **Meyerbeer, J.** Gli Ugonotti. P. Firenze, Guidi. (50 frcs.) 2 Bde. gr. 8. Elegante Hfrzbde.
1994 — — Gott u. Natur. Eine lyrische Rhapsodie. P. A. fol. Hl.
1995 — — Ouverture z. Oper „Wirth und Gast". P. A. Querf. Hl.
1996 — — Ouverture zu „Ubaldo". P. A. fol. Hl.
1997 **Mislevezeck.** Symphonie F dur. P. und Stimmen in Abschr. gr. 8. Hl. u. folio.
1998 **Missale.** (Requiem) für 2 Chöre, Orch. und Orgel. P. A. Grossfolio. Pb.
1999 **Mondonville.** Les Festes de Paphos. P. Paris. fol. Hfr.
2000 — — Titon et l'Aurore. „ „ „ „
2001 — — Daphne et Alcimadure. „ „ „ „
2002 **Monsigny.** Felix on l'enfant trouvé, „ „ „ „
2003 — — Le Roi et le Fermier. „ „ „ „
2004 — — Le Deserteur. „ „ „ „
2005 **Motetten** u. Litaney B. V. Mariae (de la Lande) vierstimmig. Alte Abschrift. Querfolio. Lederbd.

2006 **Mozart, Leopold.** Missa C dur f. 4 Singst., Orchester u. Orgel. P. A. Folio. Hl.
2007 — — Litania Lauretana No. I. G dur für 4 Stimmen, 2 Violinen, Bass und Orgel. P. A. Querfolio. Hl.
2008 — — Litania Lauretana No. II. F dur für 4 Stimmen, 2 Violinen, Bass und Orgel. P. A. Querfolio. Hl.
2009 — — Litania Lauretana No. III. Es dur für 4 Stimmen, Orchester und Orgel. P. A. Querfolio. Hl.
2010 — — Litania de Venerabile. D dur für 4 Singst., 2 Violinen, Viola, Bass, Hörner u. Orgel. P. A. Querfolio. Hl.
2011 — — Offertorium de SSmo. Sacramento. A dur für 4 Singst., 2 Violinen, Bass u. Orgel. P. A. Querfolio. Hl.
2012 — — Die Schlittenfahrt, f. Orch. P. A. Fol. Eleg. Hfrzbd.
2013 — — dasselbe, arrangirt f. Pfte. Lpz. Kühnel. Querfol. Pb.
2014 — — Concert f. Trompete. D dur. P. A. Fol. Hl.
2015 — — Der Morgen u. Abend. 12 Musikst. f. Cl. P. A. fol. Hl.

W. A. Mozart.

(Nach **Köchel's themat. Verzeichniss** geordnet. Die eingeklammerten Nummern bezeichnen die Nummern bei Köchel. A. bedeutet: Anhang von Köchel's Verzeichniss.)

I. Messen. Requiem.

2016 Missa brevis. (49.) P. A. Hl.
2017 — — (65.) P. A. Hl.
2018 — (66.) P. A. Hl.
2019 — brevis f. 4 Singst. u. Orgel. (115.) P. A. Hl.
2020 — (139.) P. A. Hl.
2021 — brevis. (140.) P. A. Hl.
2022 — in honorem SSmae Trinitatis. (167.) P. A. Hl.
2023 — brevis. (192.) P. Vienna, Hoffmeister u. Comp. Pb.
2024 — — dieselbe. Paris, Porro. Hl.
2025 Messe. Sing-, Orchester- u. Orgelstimmen. (194.)
2026 Missa brevis. (220.) P. A. Hl.
2027 — — (258.) P. A. Hl.
2028 — — (258.) P. A. Hl.
2029 — — (259.) P. A. Hl.
2030 — (262.) P. A. Hl.
2031 — brevis. (275.) P. A. Hl.
2032 — (317.) P. A. Hl.
2033 — (317.) P. Lpz. B. u. H.
2034 — solemnis. (337.) P. A. Hl.
2035 — (427.) P. Offenb. André. Hl.
2036 Messe in D. P. Prag, Hoffmann. Hl.
2037 — (A. 233.) P. Lpz. Peters. Pb.
2038 — f. 4 Singst., 2 Violinen, Viola etc. etc. (A. 232.) P. Bonn, N. Simrock. Hl.
2039 — f. 4 Singst. m. Begleitung. (A. 233.) P. A.

2040 Requiem. (626.) P. Offenbach, André. Nach Abbé Stadler's Copie. Hl.
2041 — — (626.) In Vocal Score with a separate Accompaniment for the Organ or Pianforte arr. by Vinc. Novello. With a critical essay on the Requiem of Mozart by Edw. Holmes. Lond. 1854. Hl.
2442 — — (626.) P. Lpz. B. u. H. Hlfrzbd.
2043 — — (626.) P. Offenbach, André. Hl.
2044 Requiem brevis. (A. 237.) Bonn, Simrock. Hl.
2045 Messe B dur. Sing- u. Orchesterstimmen. (A. 233.)

II. Litaneien, Vespern.

2046 Litaniae de B. M. V. (Lauretanae.) (109.) P. A. Hl.
2047 — — de Venerabili. (125.) P. A. Hl.
2048 Dixit et Magnificat. (193.) P. A. Hl.
2049 Litaniae Lauretaneae. (195.) P. A. Hfrzbd.
2050 — — de Venerabili. (243.) P. Offenb. André. Hl.
2051 — — — — (243.) P. London, Novello u. Comp. Hl.
2052 Vesperae de Dominica. (321.) P. A. Hl.
2053 — — solennes de Confessore. (339.) P. A. Hl.

III. Kyrie. Te Deum. Veni. Regi Coeli. Motette. Offertorien.

2054 Kyrie. (33.) P. A. Hl.
2055 — — f. 5 Soprane. (89.) P. A. Hl.
2056 — — (91.) P. A. Hl.
2057 — — (322.) P. A. Hl.
2058 — — (323.) P. A. Hl.
2059 — — (341.) P. u. Clavierausz. Offenb. André. Hl.
2060 Madrigal f. 4 Singstimmen. (20.) P. A. Hl.
2061 Venite Sancte Spiritus. (47.) P. A. Hl.
2062 Miserere. (85.) P. A. Hl.
2063 Salve Regina. (92.) P. A. Ill.
2064 Regina Coeli. (108.) P. A. Hl.
2065 — — (127.) P. A. Hl.
2066 — — (276.) P. A. Hl.
2067 Tantum ergo. (142.) P. A. Hl.
2068 — — (197.) P. A. Hl.
2069 Offertorium pro Festo Sti Benedicti „Scande Coeli limina". (34.) Querfolio. Hl.
2070 Offertorium pro Festo Sti. Joannis Baptistae „Inter natos mulierum". (72.) P. München, Aibl. Hl.
2071 Offertorium pro Festo Sti. Joannis Baptistae. (72.) P. A. Hl.
2072 — — pro omni tempore. (117.) P. A. Hl.
2073 — — f. Sopran- u. Tenor-Solo. (198.) P. A. Hl.
2074 — — de Tempore „Misericordias Domini". (222.) Leipzig. Peters. Hl.

2075 Offertorium de Venerabili Sacramento: „Venite, populi, venite". (260.) P. A. Hl.
2076 — — „Alma Dei creatoris". Stimmen. (277.) Wien, Diabelli. folio.
2077 — — de B. M. V. (277.) P. A. Hl.
2078 — — „Benedicite Angeli". (342.) P. A. Hl.
2079 — — (A. 220.) P. A. Hl.
2080 — — (A. 110) f. 4 Singst. u. Orchester. P. Cobl. Falckenberg.
2081 — — Fuga in D moll. (A. 114.) Stimmen. Wien, Diabelli. fol.
2082 — — Fuga in F. (A. 119.) Stimmen. Wien, Diabelli, fol.
2083 Psalm „de profundis clamavi". (93.) Clavierauszug. Berlin. Trautwein. Hl.
2084 Motetto f. Sopran „Exsultate, jubilate". (165.) P. A. Hl.
2085 Graduale ad Festum B. M. V. „Sancta Maria, mater dei". (273.) P. A. nach dem Autograph auf der Königl. Bibliothek in Berlin. Fl.
2086 — — — B. M. V. (273.) P. u. Clavierausz. Offenb. André. Hl.
2087 Beatus vir. Lobsingt dem Herrn. Psalm. (321 No. 3.) Clavierauszug. Lpz. B. u. H. Hl.
2088 VI Psalmen. (A. 113 No. 1—6.) Sing-, Orchester- und Orgelstimmen.
2089 Miserere. (A. 241.) P. A. Hl.
2090 Regina coeli laetare. Erste Ausg. nach dem Original-Manuscript. P. Wien, Diabelli. Hl.
2091 — — dasselbe. Angebunden: Offertorium (in Es) (Tremendum ac vivificum.) P. Wien, Diabelli. Hl.
2092 Te Deum f. 4 Singstimmen, 2 Violinen, Bässe u. Orgel. P. Leipz. B. u. H. Hl.

IV. Orgelsonaten.

2093 Sonate. (212.) Abschrift. Fl.
2094 — — (336.) „ „
2095 — — (244.) „ „
2096 — — (328.) „ „
2097 Cadences ou points d'orgue p. Pfte. Offenb. André. querfol. III.

V. Cantaten.

2098 Grabmusik. (42.) P. A. Hl.
2099 La Betulia liberata. Oratorium in 2 Abtheil. (118.) P. A. Hl.
2100 Cantate „Dir Seele des Weltalls". (429.) P. A. Hl.
2101 — — (429.) P. A. Hl.
2102 Davidde penitente. Cantate. (469.) P. A. Pb.
2103 — — (469.) P. A. Pb.
2104 — — P. Leipz. Hoffmeister u. Kühnel.
2105 — — Clavierausz. Lpz. B. u. H.
2106 Arie f. Sopran mit Orchester. „Fra l'oscure". (469 No. 8.) P. A. folio. Hl.

2107 Die Maurerfreude. (471.) Copie nach einer in der Bibl. des Kgl. Bayr. Conservatoriums für Musik (No. 436) befindlichen geschriebenen Partitur. Hl.
2108 — — (471.) P. A.
2109 Eine kleine Freimaurer-Cantate „Laut verkünde unsre Freude. (623.) P. a. A. Hl.
2110 Eine kleine Freimaurer-Cantate. (623.) Lpz. B. u. H. Hl.
2111 Cantaten. (A. 124—137 No. 1—7.) In Partitur. Lpz. B. u. H. In 1 Hfrzbd.
2112 Canto a 5 voci. (A. 244.) P. A. Hl.
2113 — — — — (A. 244.) P. A. Hl.
2114 — — — — Wien, Artaria.
2115 Cantate für Fürst Alois Lichtenstein. (A. 242.) P. A. Hl.
2116 Missa. Der Schulmeister. Ein musikal. Scherz. (A.236.)P.A.Hl.

VI. Opern.

2117 Apollo et Hyacinth. (38.) P. A. Hl.
2118 Bastien et Bastienne. Operette. (50.) P. A. (nach d. Original bei André 30). Hfr.
2119 La Finta semplice. (51.) P. A. Hl.
2120 Mitridate, Rè di Ponto. (87,) P. A. Hl.
2121 Ascanio in Alba. (111.) Hfrzbd.
2122 Il Sogno di Scipione. (126.) P. A. Hl.
2123 Lucio Silla. (135.) P. A. Hfrzbd.
2124 La finta giardiniera. (196.) P. A. Hl.
2125 Die Gärtnerin aus Liebe. (La finta giardiniera.) (196.) P. A. Hfrzbd.
2126 — — Klavierauszug. Mannheim, Heckel. Hl.
2127 Auswahl d. vorzüglichsten Arien u. Gesänge aus der kom. Oper „die Gärtnerin aus Liebe" im Clavierauszuge. 2 Hefte. Leipz. Peters. Pb.
2128 Il Rè Pastore. (208.) Lpz, B. u. H. Hl.
2129 — — Clavierauszug. ib. B. u. H. Hl.
2129a Zaide, Oper in 2 Akten. (344.) P. Offenb. André. Hfrzbd.
2130 Chöre u. Zwischenakte zu d. heroischen Drama: „Thamos, König in Aegypten". (345.) P. A. 2 Bde. Hfrzbde.
2131 — — Hymnen I. II. III. (345 und Anhang 121—123.) P. Lpz. B. u. H. Hl.
2132 Idomeneo. (366.) Bonn, N. Simrock. Hfrzbd.
2133 — — Mit Vorw. v. J. Rietz. Lpz. 1868. B. u. H. Hfrzbd.
2134 Die Entführung aus d. Serail. (384.) P. Lpz. B. u. H. Hfrzbd.
2135 — — — — (384.) P. Bonn, N. Simrock. Hl.
2136 L'Oca del Cairo (die Gans von Cairo). (422.) Clavierauszug von André. Offenb. André. Hl.
2137 Lo Sposo deluso. (430.) P. A. Hl.
2138 — — — — (430.) Clavierauszug. Offenb. André. Hl.
2139 Der Schauspieldirektor. (486.) P. Lpz. B. u. H. Hfrzbd.

2140 Der Schauspieldirektor. (486.) Clavierausz. Lpz. B. u. H. Hl.
2141 Figaro. (492.) Bonn u. Cöln. N. Simrock. Hl.
2142 Figaro's Hochzeit. Clavierausz. v. Neefe. Bonn, Simrock. Pb.
2143 Arie der Susanne aus Figaro. (492 u. 28.) Abschrift nach
   M.'s Autograph. Querfolio.
2144 Don Juan. (527.) P. Lpz. B. u. H. 2 Bde., ital. u. deutscher
   Text, der letzte v. Rochlitz. Hfrzbde.
2145 — — (527.) P. Lpz. B. u. H. Hl.
2146 — — Clavierausz. Brnschw. Hfrzbd.
2147 Cosi fan tutte (588.) Lpz. B. u. H. Hl.
2148 Arie f. Sopran „Angst, Qual u. herber Gram". (588 No. 11.)
   Abschr. folio. Hl.
2149 Messe aus Stücken aus Cosi fan tutte. (588. Letzte Anmerk.)
   Altes Manuscript. gr. 4. Hl.
2150 Die Zauberflöte. (620.) Bonn, N. Simrock. Hlwdb.
   Collationirt nach dem Original-Manuscript mit beigeschriebenen und
   eingelegten Notizen.
2151 — — dieselbe. Neue Ausgabe revidirt und bevorwortet von
   Otto Jahn. Durchcorrigirtes Exemplar. Hfrzbd.
2152 — — Clavierausz. Brnschwg. Hfrzbd.
2153 Ouvertüre z. Zauberflöte. P. (620. 1.) Offenb. 1829. André. Hl.
2154 Titus. (621.) Lpz. Br. u. H. Hfr.
2155 Zwei Chöre z. d. Schauspiel Thamos. (A. 243.) Clavierausz.
   Bonn, Simrock. Hl.
2156 Ouverture de l'Opéra „La Villanella rapita". Leipz. Peters.
   Querfolio. Hl.
2157 Eine Mappe m. Varianten zu Mozart'schen Opern. Abschriften.

VII. Arien, Trio, Quartette, Chöre mit Orchesterbegleitung.

2158 Arie f. Tenor. (21.) P. A. Hl.
2159 — f. Sopran. (23.) P. A. Hl.
2160 Recitativ u. Arie (Licenza) f. Tenor. (36.) P. A. Hl.
2161 Licenza. Recitativ u. Arie f. Sopran. (70.) P. A. Hl.
2162 Recitativ u. Arie f. Sopran. (77.) P. A. Hl.
2163 Arie f. Sopran. (78.) P. A. Hl.
2164 — — — — (79.) „ „ „
2165 — — — — (83.) „ „ „
2166 — — — — (88.) „ „ „
2167 — — — — (146.) „ „ „
2168 Recitativ u. Arie f. Sopran. (A. 187.) P. A. Hl.
2169 Arie f. Tenor. (209.) P. A. Hl.
2170 — — — — (210.) P. A. Hl.
2171 — — f. Sopran. (217.) P. A. Hl.
2172 Recitativ u. Concertarie f. Alt. (255.) P. A. Hl.
2173 Arie f. Tenor. (256.) P. A. Hl.
2174 Recitativ u. Arie f. Sopran. (272.) P. A. Hl.
2175 — — — — — „Alcandro lo confesso". P. A. (294.) Hl.

2176 Arie f. Tenor. (295.) P. A. Hl.
2177 Recitativ u. Arie f. Sopran. (316.) P. A. Hl.
2178 — — — — — (368.) P. A. Hl.
2179 Scene u. Arie f. Sopran. (369.) P. A. Hl.
2180 Recitativ u. Arie f. Sopran. (374.) P. A. Hl.
2181 Arie f. Sopran. (383.) P. A. Hl.
2182 Duett f. zwei Tenore „Welch ängstliches Beben“. (389.) P. u. Clavierausz. Offenb. André.
2183 Scene u. u. Arie f. Sopran. (416.) P. A. Hl.
2184 Arie f. Sopran. (418.) P. A. Hl.
2185 — — — (419.) „ „ „
2186 — — Tenor (420.) „ „ „
2187 Recitativ u. Arie f. Tenor. (431.) P. A. Hl.
2188 — — — f. Bass. (432.) P. A. Hl.
2189 Arie f. e. Bassstimme. (433.) Arie f. Tenor. (435.) P. A. Hl.
2190 Trio f. Tenor u. 2 Bässe „Del gran regno delle Amazoni“. (434.) Partitur-Entwurf in Abschrift.
2191 Terzett für 2 Soprane u. Bass. (436.) desgl. (437.) Terzett f. 3 Singst. (438.) desgl. f. 2 Soprane u. Bass. (439.) P. A. Hl.
2192 Quartett. (479.) P. Lpz. B. u. H. Hl.
2193 Terzett. (480.) P. Lpz. B. u. H. Hl.
2194 Scene m. Rondo f. Sopran. (490.) P. A. Hl.
2195 — — — — (505.) P. A. Hl.
2196 Recitativ u. Arie f. Bass. (512.) P. A. Hl.
2197 Arie f. Bass. (513.) P. A. Hl.
2198 Scene f. Sopran. (528.) P. A. Hl.
2199 Arie f. Sopran. (538. P. A. Hl.
2200 Deutsches Kriegslied „Ich möchte wohl der Kaiser sein“. (539.) P. A. Hl.
2201 Ariette f. Bass „Un baccio di mano“. (541.) P. A. Hl.
2202 Canzonette „Più non si trovano“. (549.) P. A. Hl.
2203 — — — — (549.) Abschrift.
2204 Arie f. Sopran „Alma grande, e nobil core“. (578.) P. A. Hl.
2205 — — — — (580.) P. A. Hl.
2206 — — — — (580.) P. A. Hl.
2207 — — — — (582.) P. A. Hl.
2208 — — — — (583.) P. A. Hl.
2209 — für Bass „Per questa bella mano“. (612.) P. Offenbach, André. Hl.
2210 Terzett (Tremer mi sento in petto) mit Orchester. P. A. Querfolio. Hl.
2211 Arien mit Begleitung d. Orchesters. P. 12 Nummern in 2 Halbfrzbdn. Lpz. B. u. H.

VIII. Lieder mit Clavierbegleitung.

2212 „Daphne, deine Rosenwangen“. Lied für 1 Singstimme mit Pfte. (52.) Freude, Königin der Weisen. (53.) Was ich in Gedanken küsse. (150.) Die grossmüthige Gelassenheit. „Ich habe es längst gesagt“. (149.) Die Zufriedenheit im

niedrigen Stande. „Ich trachte nicht nach solchen Dingen“.
(151.) Lied der Freiheit „Wer unter eines Mädchens Hand“.
(506.) Lied mit Chor und Orgelbegleitung „Zerfliesset heut
geliebte Brüder“. Zur Eröffnung der Freimaurerloge ⌐_⌐
(483.) Dreistimmiger Chorgesang mit Orgelbegleitung „Ihr
unsre neuen Leiter“. Zum Schluss der Freimaurerloge ⌐_⌐
(484.) — Wie unglücklich bin ich nit. (147.) — O heiliges
Band d. Freundschaft. (148.) Was frag' ich viel nach Geld
und Gut. (349.) Komm, liebe Zitter. (351.) Ferner 554. 555.
558. 348. A. 6. Abschr. Sämmtlich in 1 Band gebunden.
2213 Solfeggien f. e. Singstimme. (393.) P. A. Hl.
2214 Eine kleine deutsche Cantate „Die ihr des Unermesslichen“.
(619.) Beilage zu Ziegenhagen, F. H. Lehre vom richtigen
Verhältnisse zu d. Schöpfungswerken etc. Hamb. 1792. Ldrbd.
2215 Eine kleine deutsche Cantate. (619.) Lpz. B. u. H.
2216 Das Veilchen. Facsimile (Aus Jahn's Mozart.) 1 Blatt Querfol.

IX. Canone.

2117 Canon „O du eselhafter Martin“. (560.)
— „Gehn' ma in'n Prada, gehn' ma in d' Hötz“. (558.)
— „G'rechtelt's eng“. (556.)
— „Ave Maria“. (554.)
— „Alleluja“. (553.)
— „Difficile lectu mihi mars“. (559.)
— „Lacrimoso son io“. (555.)
— „Nascoso è il mio sol“. (557.)
— „Caro, bell' idol mio“. (562.)
für 1 Singstimme. Abschriften in 1 Bande. Hl.

X. Variationen für Klavier.

2218 Zwölf Variationen f. Klavier. (A. 288.) Hamb. J. A. Böhme. Hl.
2219 Zehn Variationen f. Klavier aus Sarti's Oper „I finti credi.
(A. 289.) Berl. J. J. Hummel. Hl.

XI. Einzelstücke für Klavier.

2220 Zwölf Klavierstücke. Lpz. B. u. H. Hl.
2221 Praeludium für seine Schwester componirt. Abschr. querfol. Hl.
2222 Andante. (616.)
2223 Adagio f. Harmonica. (356.) P. A. Hl.

2224 Sonate f. Klavier. 4 ms. (357.) Offenb. André. Hl.

XII. Sonaten für Klavier und Violine.

2225 XVIII Sonates pour Piano et Violon. Stimmen. Lpz. Peters.
4 Bde. folio Hfrz.

2226 Sonate f. Klavier und Violine. (9.) Abschr. Hl.
2227 Andante u. Allegretto für Klavier und Violine. (404.) Offenbach, J. André. Hl.
2228 Sonate f. Klavier u. Violine. (481.) Speier bei Rath Bossler. Hl.
2229 — — — — (481.) P. u. St. Vienne, Hoffmeister. Hl.
2230 Rondo per Flauto traverso acc. da 2 Violini etc. etc. (A. 184.) (Arrangement des Rondo f. Violine in C dur. op. 85.) P. A. Hl.

XIII. Klavier-Trio, -Quartett, -Quintett.

2231 Trio's für Pianoforte, Violine und Violoncello. 3 Bde. Lpz. B. u. H. Hfrzbd.
2232 Quintett. (452.) P. A. Hl.
2233 Quartett f. Klavier, Violine, Viola, Violoncell. (478.) Speier bei Rath Bossler. Hl.
2234 — — — — (478.) Publié et se vend à Vienne au Magasin de Musique du Mr. Hoffmeister. Hl.
2235 Trio. (496.) Abschr. Hl.
2236 — (496.) Part. u. Stimmen. Vienne ches Hoffmeister. Hl.
2237 Quartett für Flöte, Violine, Viola u. Violoncell. (498.) Trio als Quartett arrangirt. P. A.
2238 Trio. (502.) desgl. (542.) desgl. (548.) Partitur u. Stimmen. Mannheim, Munich u. Düsseldorf, Götz. Querfolio.

XIV. Streich-Duo und -Trio.

2239 3 Sonaten f. 2 Violinen u. Bass. P. A. Querfolio.
2240 Trio. (266.) Abschr. Hl.
2241 2 Duette für Violine u. Viola. — Divertimento für Violine, Viola u. Violoncelle. — Quintett für Clarinette, 2 Violinen, Viola u. Violoncelle. P. Mannh. Heckel. 12. Lwdbd.

XV. Streich-Quartette.

2242 Quartett. (80.) Abschr. Hl.
2243 Divertimento. (136.) desgl. (137.) Abschr. Hl.
2244 Sechs Quartette. (155—160.) P. A. in einen Band geb.
2245 Quartett f. 2 Violinen, Viola u. Violoncello. (168.) P. A.
2246 Sechs Quartette. (168—173.) A. Hl.
2247 Quartett. (298.) P. A. III.
2248 — — (370.) P. A. Hl.
2249 Eine kleine Nachtmusik. (525.) P. A. Hl.
2250 Streichquartett in F dur. P. A. gr. 8. Hl.
2251 X Quartette u. Fuge für 2 Violinen, Viola und Violoncelle. P. Mannh. Heckel. 12 Lwdb.

XVI. Streich-Quintette.

2252 Quintett f. 2 Violinen, 2 Violen u. Violoncell. (46.) A. Hl.
2253 — — (174.) A. Hl.

2254 **Quintett.** (407.) P. Lpz. B. u. H. Ill.
2255 V Quintette für 2 Violinen, 2 Violas und 2 Violoncelle. P.
London, Ewer u. Co. 12 Lbde.

XVII. Symphonien.

2256 Sinfonia. P. (17.) A. Hl.
2257 — — „ (18.) „ „
2258 Symphonie. (19). P. A. nach den v. Leop. Mozart geschriebenen Stimmen auf d. Kgl. Bibliothek in München. III.
2259 — — (22.) P. A. Hl.
2260 — — (74.) P. A. Ill.
2261 Sinfonia. P. (110.) A. Hl.
2262 — — „ (128.) „ „
2263 — — „ (132.) „ „
2264 — - „ (133.) „ „
2265 — — „ (161.) „ „
2266 — — „ (297.) „ „
2267 — — „ (385.) „ „
2268 — — „ (318.) „ „
2269 — — „ (444.) „ „
2270 — — „ (550.) „ „
2271 — — „ (Lucio silla.) A. Hl.
2272 Symphonieen in P. No. 1—12. B. u. H. No. 13—15. Cranz.
Hmbrg. No. 16—38 in Abschr. nach den Originalpartituren.
Hoch 8. In 12 nette Halbleinwandbände gebunden.

XIII. Divertimente, Serenaden, Cassationen.

2273 Cassationen 1. 2. (63 u. 99.) P. A. Ill.
2274 Serenade. (100.) P. A.
2275 Divertimento. (113.) A. Hl.
2276 — — (131.) P. A. Hl.
2277 — — (166.) A. Hl.
2278 Serenade. (185.) und Marsch (189.) P. A. Hl.
2279 Divertimento. (186.) A. Hl.
2280 Zehn Stücke für 2 Flöten, 3 Trompeten etc. etc. (187.) A. Hl.
2281 Divertimento. (188.) A. Hl.
2282 Serenade. (203.) P. A. Hl.
2283 — — (204.) „ „ „
2284 Divertimento. (205.) P. A. Hl.
2285 — — (213.) A. Hl.
2286 Serenada Notturna. (239.) P. A. Hl.
2287 Divertimento. (240.) A. Hl.
2288 — — (251.) P. A. Hl.
2289 — — (252.) A. Hl.
2290 — — (253.) A. Hl.
2291 — — (270.) A. Ill.
2292 Notturno. (286.) P. A. Hl.
2293 Divertimento. (288.) A. Hl.

2294 Serenade (320.) P. A. Hl.
2295 — — (361.) P. A. Hl.
2296 — — (361.) P. Leipzig, B. u. H. Hl.
2297 Zwei Serenaden (375. 388.) P. Offenbach, André. Hl.
2298 Pièces d'Harmonie. (A. 182. 183. 226—28.) P. A. Jn 2 Bd. Hl. gb.
2299 Divertimento. (Pastorale) f. Streichquartett und Corno pastoreccio. (A. 294.) P. A. Hl.
2300 Ständchen für Orchester. P. A. gr. 8. Hl.

XIX. Orchesterstücke, Märsche etc.

2301 Galimathias musicum. (32.) A. Hl.
2302 Symphoniesatz. (102.) A. Hl.
2303 Schlusssatz einer Symphonie. (120.) A. Hl.
2304 Letztes Allegro e. Symphonie. (121.) A. Hl.
2305 Marsch. (290.) A. Hl.
2306 Drei Märsche. (408.) A. Hl.
2307 Symphonie-Minuett. (409.) A. Hl.
2308 Kleines Adagio. (410.) A.
2309 Adagio. (411.) Part. Offenbach, André. Hl.
2310 Maureriche Trauermusik für Orchester. (477.) P. A. 4. Pb.
2311 Ein musikalischer Spass. (Bauern-Sinfonie, die Dorfmusikanten.) (522.) P. Berlin, Schlesinger. Pb.
2312 Adagio und Rondo. (617.) P. A. Hl.
2313 Sextette und musikalischer Spass für 2 Violinen, Viola, Violoncelle u. 2 Hörner. P. 12. Mannheim, Heckel. Lwdb.

XX. Tänze für Orchester.

2314 Sechs Minuette sammt Trio. (104.) P. A. Hl.
2315 Drei Minuette m. Trio f. kleines Orchester. (104. No. 1—3.) — Minuett. (103. No. 1.) — Vier Minuette. (176. 12—15.) P. A. Jn 1 Band geb. Hl.
2316 12 Menuette m. Trio f. kleines Orchester. Clavierauszug. Men. 1 (unbekannt.) dann 103. 2. 3. 4. 5. 7. 8. 10. 11. 12. 13. 18. A. Jn 1 Band geb. Hl.
2317 Fünf Tanzminuette. (461.) P. A. Hl.
2318 Sieben Minuette m. Trio f. 2 Violinen u. Bass. A. Hl.
2319 Menuetten für Orchester. P. A. Querfol. Hl.
(Nach dem Autograph in W. A. Mozart Sohnes Nachlass.)
2320 Vier Contratänze. (267.) P. A. Hl.
2321 Sechs Contratänze. (462.) P. A. Hl.
2322 Sechs deutsche Tänze. (509.) P. A. Hl.
2323 Sechs deutsche Tänze. (509.) Clavierauszug in A. Hl.
2324 Neun Contratänze sammt Trio. (510.) Abschrift nach dem in der Universitäts-Bibliothek in Prag befindl. Autograph. Hl.
2325 Fünf Contretänze. (509.) Ein Contretanz. (510.) P. A. Hl.
2326 Menuetten f. Orchester. I—IV. Parthie in 1 Bd. geb. Hl.
1) 12 Menuetten. (568.) 2) 6 Menuette. (599.) 3) 6 Menuetten. 4) 12 Menuetten. P. A. Hl.

2327 Le gelosie del Seraglio. Balletmusik. (A. 109.) P. A. Hl.
2328 Skizzen. (463. 42 No. 7.) (A. 292) und andere. A. gr. 8. Hl.
2329 Anleitung so viel Walzer oder Schleifer mit zwei Würfeln
 zu componiren so viel man will, ohne musikalisch zu seyn,
 noch etwas von der Composition zu verstehen. Berl. u. Amsterd.
 J. J. Hummel. fol.

XXI. Concerte.

2330 Concert f. Clavier. (37.) A. Hl.
2331 — — — — (39.) A. Hl.
2332 — — — — (40.) P. A. Hl.
2333 — — — — (41.) P. A. Hl.
2334 Drei Sonaten v. Joh. Bach, als Concerte eingerichtet von
 W. A. Mozart. (107.) A. Hl.
2335 Concertone f. zwei Solo-Violinen mit Begleitg. (190.) P. A. Hl.
2336 Concert f. Fagott. (191.) P. A. Hl.
2337 Concert für Violine. (207.) P. A. Hl.
2338 — — — — (211.) P. A. Hl.
2339 — — — — (216.) P. A. Hl.
2340 — — — — (218.) A. Hl.
2341 — — — — (218.) Hrsg. v. F. David. Offenb. André. Hl.
2342 — — — — (219.) A. Hl.
2343 — — drei Claviere. (242.) A. Hl.
2344 — — Clavier. (246.) P. A. Hl.
2345 Adagio für Violine. (261.) A. Hl.
2346 Concert für Violine. (268.) P. A. Hl.
2347 — — Oboe (293.) A. Hl.
2348 — — Flöte u. Harfe. (299.) P. A. Hl.
2349 — — — — (313.) P. A. Hl.
2350 — — — — (314.) P. A. Hl.
2351 Andante für Flöte. (315.) P. A. Hl.
2352 Concertante Symphonie für Violine et Viola. (364.) P.
 Offenbach, André. Hl.
2353 Concert-Rondo f. Horn. (371.) P. A. Hl.
2354 Rondo für Violine. (373.) op. 85. P. A. Hl.
2355 Concert-Rondo f. Clavier m. Begleitung. (382.) P. A. Hl.
2356 Concert für Horn. (412.) P. A. Hl.
2357 — — für Clavier. (414.) Stimmen. Amsterd. J. Schmidt.
2358 Drei Concerte für Clavier. (op. IV. No. 1—3.) (413. 414.
 415.) Wien, Artaria. Die Clavierstimme geb. die übrigen
 in Mappe.
2359 Concert für Horn. (417.) P. A. Hl.
2360 — — — — (447.) P. A. Hl.
2361 — — für Clavier. (451.) Stimmen. Speyer. Bossler.
 Die Clavierstimme geb. die übrigen in Mappe liegend.
2362 Concert für Horn. (495.) P. A. Hl.
2363 — — für Clarinette. (622.) P. A. Hl.
2364 Clavierstück Es dur mit Orchesterbegleitung. Mit Correcturen. P. A. gr. 8. Hl.

2365 Concertante für Oboe, Clarinette, Horn u. Fagotte mit Orchesterbegleitung. P. A. gr. 8. Hl.
2366 — — für die Violine mit Orchesterbegleitung. Stimmen. Augsbourg, Gombart. folio.
2367 Entwurf zu einem Concert f. Bassethorn. A. fol. Hl.
2368 Collection compléte des 21 Concertos pour Piano et Orchestre mis en P. par H. Roubier. 21 vols. Paris. Hoch 8. 21 Halbleinwdbe.
2369 Clavier-Concerte in P. Hersg. von einem Verein von Tonkünstlern und Musik-Gelehrten in Frankfurt a. M. Mit Bearbeitung der Orchesterbegleitung für d. Clavier von F. X. Gleichauf. Offenbach, André. No. 1—8. In 8 Halblwdbd.
2370 Concerts p. l. Pianoforte. 20 Nummern in 4 Halbfranzbde. Querfolio. Nebst Orchesterstimmen in Mappen. Lpz. B.u.H.

2371 **Oeuvres complètes de W. A. Mozart.** 17 Hefte in 5 Bänden. Querf. Leipzig, B. u. Härtel. 5 Hfrzbände.
2372 Entwürfe zu einer Pantomine. A. Ouerfol. Hl.
2373 Skizzen. 2 Bände. Querfolio Hl. P. A. Enthalten u. A:
44. 103. 147. 148. 178. 221. 326. 327. 343. 420. 441. 532.
A. 13. 14. 16. 18. 19. 21. 22. 23. 26. 29—31. 34. 35.
37—41. 43. 44. 46—49. 51. 52. 55. 57—65. 68. 69. 71—77.
79. 81—83. 86—88. 92—97. 102. 105. 107. 108.)
2374 Unterricht in der Composition. Copie (mit allen im Original befindlichen Aenderungen.) Querfolio. Hl.
2375 Contrapunktische Studien. A. 83 Seiten. Querfolio. Hl.

2376 **Muffat, G.** Missa in F. u. C. Orgelstimme. A. A. Fol. Hl.
2377 — — 12 Toccaten — 12 Fugen. In demselben Bande: **Neumüller**, Partien, **Eberlin**, Fugen, **Froberger**, Tocc. und Fugen. **Murschhausen**, Jntonat., **Kerl**, Canzoni. A. A. Querf. Hl.
2378 **Müller, A. E.** Sonate p. Pfte. Lpz. Kühnel. Querfolio. Hl. (vorher unter dem Namen Mozart's gedr.)
2379 — — Anweisung zum genauen Vortrage der Mozart'schen Clavierconcerte. Lpz. B. u. H. folio.
2380 **Müller, Wenzel.** Der Fagottist oder die Zauberzitter. Singspiel in 3 Aufzügen. P. A. Querfolio. Hl.
2381 — — Pizichi (oder die Fortsetzung d. Fogattist.) P. a. A. 3 Bde. Querfolio. Hl.
2382 — Gesänge a. d. Singspiele „der alte Ueberall u. Nirgends." Brannschw. Musikal. Magazin. Querfolio.
2383 **Musica choralis Franciscana** tripliciter divisa in medullam cantus Gregor, in cantorale et in processionale. Colon. 1726. 12. Ldrb. mit Schliessen.
2384 **Musica Divina ed Proske.** Tomus I. Liber Missarum II. Liber Motettorum. Ratisb. 1853—55. 2 Bde. 4. Hfr.

2385 **Musica Sacra. Palästrina**: Stabat mater, Fratres ego enim, Improperia, **Bai**, Miserere. **Allegri**. Miserere. Lips. Peters. folio. Hl.
2386 **Naumann**. Cora. P. i. A. Querfol. Hfr.
2387 — — Cora. P. A. 3 vols. folio. Hfr.
2388 — — Solimano. P. a. A. Querfolio. Hl.
2389 — — Amphion. Dresd. 1784. Querfol. Pb.
2390 — — Orpheus u. Euridice. Clavierausz. Hmbrg. 1784. Cart.
2391 — — Raccolta di Arie, Duetti, Cori etc. per il Cembalo dell' Opera „La Dama Soldato". Dresd. Hilscher. folio. Cart.
2392 — — Missa solenne in As. P. Wien. Querfol. Pb.
2393 — — Vaterunser. P. (5 Thlr.) Lpz. B. u. H. Querfol.
2394 — — Offertorium. P. Wien. Querfol. Hl.
2395 — — Der 96. Psalm „Singet dem Herrn ein neues Lied." P. Leipz. B. u. H. folio. Hl.
2396 — — Miserere. P. A. fol. Hl.
2397 **Neefe, C. G.** Die Apotheke. Kom. Oper. Lpz. 1772. Querfol. Hl.
2398 — — Amor's Guckkasten. Kom. Oper. 1772. Querfol. Hpt.
2399 — — Die Einsprüche. Kom. Oper. Leipz. 1773. Querf. Hfr.
2400 — — Sophonisbe. Monodrama f. Clavier. Lpz. Schwickert. Querfolio.
2401 — — der dumme Gärtner oder die beyden Anton. Singspiel. Bonn, Simrock. Querfol. Hl.
2402 — — Heinrich u. Lyda. Neuenburg 1777. Querfol. Hl.
2403 — — Oden v. Klopstock mit Melodieen. Flensb. 1776. Querf.
2404 **Neukomm, S.** Misse solennelle. Mit Orgelbegleitung. Paris, Richault. gr. 8. Hl.
2405 — — Messe de Requiem. P. (5 Thlr.) Leipzig, B. u. H. Folio. Hfr.
2406 — — Office complet pour les morts für Chor und Orgel. Paris, Richault. gr. 8. Hl.
2407 — — Der Ostermorgen. P. A. Querfol. Hfr.
2408 — — Christi Grablegung. P. (5 Thlr.) Lpz. B u. H. fol. Hl.
2409 — — Hymne de la Nuit. Paris, Schott. fol. Hl.
2410 **Nicolai, C.** op. 31. Kirchl. Fest-Ouvertüre. P. Leipzig, Hofmeister. gr. 8. Hl.
2411 **Nicolo.** Joconde. P. (60 frcs.) Paris. Bochsa. fol. Hfr.
2412 — — Cendrillon. P. (60 frcs.) Paris, folio. Hfr.
2413 — — Jeannot et Colin. P. (60 frcs.) Paris, Bochsa. fol. Hfr.
2414 — — Cimarosa. P. Paris. folio. Hfr.
2415 — — Lulli et Quinault P. (40 frcs.) Paris Bochsa. fol. Hfr.
2416 — — Le Billet de Loterie. P. (40 frcs.) Paris, Bochsa. folio. Hfr.
2417 — — Les deux Maris. P. (40 frcs.) Paris, Bochsa. fol. Hl.
2418 — — Michel Angelo. P. a. A. Querfolio. Cart.
2419 **Oberthür, C.** op. 82. Rübezahl. Ouvertüre für gr. Orchester. P. Mainz, Schott. gr. 8. Hl.
2420 **Oden** mit Melodieen. 2 Thle. Berl., Birnstiel 1753. querfol. Hl.
2421 **On ne s'avise jamais de tout.** Opéra Bouffon. P. Paris. folio. Ledrbd.

2422 **Onslow, G.** Le Colporteur. P. Paris, Pleyel. folio. Hfrzbd.
2423 — — Sinfonie à Grand Orchestre. P. A. Querfol. Pb.
2424 — — 2me Sinfonie à Grand Orchestre. P. A. fol. Hfrzbd.
2425 **Ostergeschichte** aus dem h. Evangel. Luca. P. a. A. fol. Hl.
2426 **Paer.** Achille. Dramma per musica in due atti. P. a. A. 2 starke Bände querfolio. Hfrzbde.
2427 — — Le Maître de Chapelle. P. (60 frcs.) Paris. fol. Mit eigenhändiger Dedication d. Componisten. Hfrzbd.m.Goldschn.
2428 — — Agnese. Clavierausz. v. Müller. 2 Bde. (6 Thlr.) Lpz. Peters. Querfol. Hl.
2429 — — Ouvert. u. Gesänge aus Lenora. Clavierausz. v. Müller. (2½ Thlr.) Lpz. B. u. H. Hfrzbd.
2430 — — Sargino. Clavierausz. Brnschw. Meyer. Hfr.
2431 **Paisiello.** Nina Pazza per Amore. P. a. A. 2 starke Bde. Querfolio. Hptbde.
2432 — — I Zingari in Fiero. P. a. A. 2 starke Bde. querfol.Prgtbde.
2433 — — Il Fanatico in Berlina. P. A. querfolio. Hl.
2434 — — Proserpine. P. (60 frcs.) Paris. fol. Lederband.
2435 — — Die eingebildeten Philosophen. P. A. fol. Pb.
2436 — — Le Barbier de Séville. P. (24 frcs.) Paris. fol. Hfrzbd.
2437 — — Le Roi Théodore. P. Paris. fol. Hfrzbd. (Titel fehlt.)
2438 — — Kirchenmusik „Seelenfreund ich folge dir" f. 4 Singstimmen u. Orchester. P. A. fol.
2439 **Palestrina.** Litanie a 4 voci, Motetti, Madrigali. P. A. gr. 8. Hl.
2440 — — Le Lamentazioni. P. A. gr. 8. Hl.
2441 — — Missa Papae Marcelli. P. A. gr. 8. fol. Hl.
2442 — — Stabat Mater. „ „ Querfol. Hl.
2443 — — Missa requiem, herausg. von Fehrenberg. Köln 1853. Querfolio. Hl.
2444 — — Motetten, in Part. gesetzt u. herausg. v. Th. de Witt. 3 Bde. folio. (15 Thlr.) Lpz. B. u. H. Eleg. Hfrzbde.
2445 **Pallavicini.** Gerusalemme liberata. (1687.) P. A. (304 Seiten.) Querfolio. Hfrzbd.
2446 — — L'Antiope. (1689.) P. A. (323 Seiten.) Querfol. Hfrzbd.
2447 **Parforcejagd.** Hornmusikzeichen. Alte Abschrift. Ledrbd.
2448 **Passionsmusik** f. 4 Stimmen u. Orch. P. a. A. fol. Hl.
2449 **Passio Dominica** secundum Johannem f. 4.Singst.P. a.A.fol.Hl.
2450 „ „ „ dasselbe in noch älter. Abschr.fol.Hl.
2451 „ „ „ Matthaeum. f. 4 Singst. P. a.A.fol.Hl.
2452 Cantus eccl. sacr. historiae **Passionis** Domini nostri Jesu Christi. Ex Ducali Campidon. Typogr. Per **Andr. Stadler.** 1763. fol. Hfrzbd.
2453 **Peranda, J. u. Bontempi, J A.** Dafne. Musikal. Schauspiel. P. A. Querfolio. Hl.
2454 **Perfall.** Dornröschen. P. (5 Thlr.) Lpz. B. u. H. fol. Hfrzbd.
2455 — — Undine. P. (5 Thlr.) „ „ „ „ „ „
2456 **Peri, Jacopo.** Euridice. P. Firenze. 8. Hl.
2457 **Pergolesi.** Missa. P. Wien, Artaria. fol. Ill.
2458 — — Requiem c. Offertorio. P. A. fol. Hl.
2459 — — Miserere. P. Paris. Pleyel. fol. Hl.

2460 **Pergolesi.** Salve Regina. P. A. fol. Hl.
2461 — — Stabat Mater. P. Paris, Le Duc. fol. Hfrzbd.
2462 — — Vollständige Passionsmusik z. Stabat Mater. Hersg.
v. J. A. Hiller. Lpz. 1776. fol. Pb.
2463 — — „Laudate Pueri" P. a. A. (111 Seiten.) fol. Pb.
2464 — — Intermezzo La Serva Padrona. P. a. A. fol. Hl.
2465 **Perti, G. A.** Charfreytaggesang. P. A. Querfol. Pb.
2466 **Philidor, A. D.** Blaise le savetier. Opéra Bouffon. op. 1. P.
Paris. querfolio. Hl.
2467 — — Le Sorcier. P. (20 frcs.) Paris. fol. Hfrzbd.
2468 — — Tom Jones „ (20 „) „ „ „
2469 — — Ernelinde ·„ (30 „) „ „ Hlbpgt.
2470 — — Melide „ (18 „) „ „ „
2471 — — Le Jardinier de Sidon P. u. Stimmen. Paris. fol. Hfrzbd.
2472 — — Le Jardinier et son Seigneur. P. „ „ „
2473 — — Sancho Pança. „ „ „ „
2474 — — Carmen Seculare. „ „ „ „
2475 **Piccinni, N.** Artaxerxes. P. a. A. 3 Bde. Hfrzbde.
2476 — — La Buona Figliola. P. a. A. 3 Bde. Hfrzbde.
2477 — — dasselbe. P. Paris. folio. Hfrzbd.
2478 — — Pénélope. „ „ „ „
2479 — — Atys. „ „ „ „
2480 — — Didon. „ „ „ Ledrbd.
2481 — — Iphigénie. „ „ „ Hfrzbd.
2482 — — Diana et Endimion. P. Paris. fol. Pb.
2483 — — Roland. „ „ „ Ldrb.
2484 — — Graduale f. Sopransolo m. Sreichquartett. P. A. fol. Hl.
2485 **Pisari, P.** Messe f. 2 Chöre. P. A. querfol. Hfrzbd.
2486 — — Te Deum „ „ „ „ „
2487 **Pleyel.** Symphonie F dur. Orchesterstimmen. Offenb. André.fol.
2488 **Porpora, N.** Statira (1742.) P. A. (440 Seiten.) Querfol. Hfrzbd.
2489 — — „In te Domine Speravi" f. 5 Stimmen mit Instrum.
begl. P. A. Querfolio. Hfrzbd.
2490 — — Psalm „Qui habitat" f. 4 Stimmen m. Instrum. begl.
P. A. Querfol. Hfrzbd.
2491 — — VI Duos. P. A. Querfol. Hfrzbd.
2492 **Porta, Ifigenia.** P. a. A. (224 Seiten.) Querfol. Lederband.
2493 — — Magnificat f. 4 Singst. u. Orch. P. a. A. fol. Hl.
2494 **Purcell.** King Arthur. Oper in 5 Akten. P. London 1843.
gr. fol. Hfrzbd.
2495 — — Dido and Aeneas. P. ib. gr. fol. Hfrzbd.
2496 — — Bonduca. „ „ „ „ „
2497 — — Tedeum et Jubilate for voices and instruments. P.
Second Edition. Lond. fol. Hl.
2498 — — An Ode on St. Cecilia's Day (1683.) P. A. fol. Pb.
2499 — — A Collection of Ayres compos'd for the Theatre and
other occasions. Stimmen. London 1697. — In demselben
Bande: Six Sonates or Solos three for a Violin and three
for the Flute with a thorough Bass etc. Composed by W.

Crofts and an Italian Master. London 1700. Ferner: A Solo in a dur for a Violin by Nicola. London. fol. Eleg. Lederb.

2500 **Raff, Joach.** op. 101. Suite f. Orchester. P. Mainz, Schott. (3 Thlr. 12 Sgr.) gr. 8. Hl.

2501 — — op. 117. Fest-Ouvertüre f. gr. Orchester. Leipz. Kistner. (2²/₃ Thlr.) gr. 8. Hl.

2502 **Rameau.** Castor et Pollux. Tragédie. P. Paris 1737. Querfolio. Lederband.

2503 — — Les Fêtes d'Hébée. Ballet. P. ib. 1739. Querfol. Ledrbd.

2504 — — Dardanus. Tragédie. P. ib. 1744. Querfol. Hfrzbd.

2505 — — Zais. Ballet. P. ib. 1748. Querfol. Ledrbd.

2506 — — Pigmalion, Acte de Ballet. P. Paris 1748. Querfol. Hl.

2507 — — Hippolite et Aricie. P. Paris 1733. fol. Hfrzbd.

2508 **Reichardt, J. F.** Te Deum f. 2 Chöre u. Orchester. P. A. Querfolio. Hl.

2509 — — Psalm 65. f. Chor u. Orch. P. A. fol. Hl.

2510 — — Cantate z. Erndtedankfest f. 4 St. Orch. P. A. fol. Hl.

2511 — — Brenno. P. fol. Hfrzbd.

2512 — — Ariadne auf Naxos. P. ib. Lpz. 1780. Querfol.

2513 — — Ino. Melodrama. Clavierausz. ib. 1779. Querfol.

2514 — — Cephalus u. Prokris. Clavierausz. ib. 1781. Querfol.

2515 — — Die Geisterinsel. Clavierausz. Berl. fol. Pb.

2516 — — Erwin u. Elmire. „ „ „ „

2517 — — Jery u. Bätely. „ „ „ „

2518 — — Hänschen und Gretchen und Amor's Guckkasten. Riga. 1773. Querfol. Hl.

2519 — — Musikal. Blumenlese f. 1795. 4. Berlin.

2520 — — Lieder aus dem Liederspiel Lieb' u. Treue. 2. Aufl. Berl. 1800. 4. Pb.

2521 — — Lieder d. Liebe u. d. Einsamkeit z. Harfe und zum Clavier. Lpz. Fleischer. 2 Thle. 4. in 1 Bde. Hl.

2522 — — Göthe's Lieder, Oden, Balladen etc. 3 Abtheilungen. Lpz. B. u. H. (5 Thlr.) Querfol. Hl.

2523 — — Deutsche Gesänge m. Clavierbegl. Lpz. 1788. Querfol.

2524 — — Gesänge für's schöne Geschlecht. Berl. s. a. Querfol.

2525 — — Caecilia. Eine Liedersammlung. 4 Theile in einem Bande. Berl. 1790. fol. Hfrzbd.

2526 — — Oden u. Lieder. Grotkau 1782. querfol. Hfrzbd.

2527 — — Göthe's lyrische Gedichte. Berl. fol. Hl.

2528 — — Lieder geselliger Freude. 2 Bde. 8. Lpz. 1796—97. Hl.

2529 — — Hymne Miltons Morgengesang f. 4 Solost. Chor und Orch. P. fol. Hl.

2530 — — Ode v. Klopstock f. 4 Singst. Chor u. Orch. P. A. fol. Hl.

2531 — — Cantus lugubris in obitum Friderici Magni. P. Berolini 1787. fol. Hl.

2532 — — Ode auf die Genesung S. Kgl. Hoheit des Kronprinzen v. Preussen. P. A. fol. Hl.

2533 — — Six Sonates p. l. Clavecin et Violine. Berl. Hummel. fol. Hl.

2534 — — VI Sonates p. Violino solo e Basso. Berl. Mylius. fol. Hl.

2535 **Reichardt, J. F.** Sei Sonate a due Violini e Violoncello. Offenb. André. In Stimmen. 3 Hefte. fol. Pbde.
2536 **Reinecke, C.** Belsazar. P. (7¹/₂ Thlr.) Lpz. Kistner. fol. Hl.
2537 **Reinthaler. C.** Jephta und seine Tochter. P. (20 Thlr.) Lpz. B. u. H. fol. Hfrzbd.
2538 — — Symphonie D dur f. gross. Orchcst. P. Lpz. B. u. H. (5 Thlr.) gr. 8. Hl.
2539 **Rheinberger, Jos.** Wallenstein. Symphon. Tongemälde für Orchester. P. Lpz. Fritzsch. (5 Thlr.) gr. 8. Hl.
2540 **Riegel, Fr.** Lieder im Volkston, bei dem Klavier zu singen. München 1866. Cart.
2541 **Riehl, W. H.** Hausmusik. Stuttg. 1855. fol. Cart.
2542 **Ries, Ferd.** Die Könige in Israel. P. Bonn, Mompour. fol. Hfrzbd.
2543 **Rietz, Jul.** op. 31. Symphonie No. 3. für gross. Orchester. P. Lpz. B. u. H. (5 Thlr.) gr. 8. Hl.
2544 — — op. 18. Lustpiel-Ouvertüre f. Orchester. P. (1¹/₂ Thlr.) Lpz. Kistner. gr. 8. Hl.
2545 — — op. 36. Lied vom Wein. P. (3 Thlr.) Lpz. Siegel. fol. Hl.
2546 — — op. 12. Schlachtgesang. P. Lpz. B. u. H. fol. Hl.
2547 **Righini.** Ouvertüre zur Oper „Tigrane" P. und Stimmen in Abschr. gr. 8. Hl.
2548 — — Heldengesänge aus der Oper Tigranes. Lpz. B. u. H. (5 Thlr.) querfol. Hl.
2549 — — Armida. Clavierausz. ib. (5 Thlr.) querfol. Hl.
2550 — — Aeneas in Lazium. Clavierausz. ib. (4 Thlr.) querfol.Hl.
2551 — — Das befreite Jerusalem.   „   „ (3 „)   „   „
2552 — — Der Zauberwald.   „   „ (2 „)   „   „
2553 **Rolle.** Lazarus o. d. Feyer d. Auferstehung. P. A. fol. Hl.
2554 — — Der Tod Abels.   „ „ „ „
2555 — — Die Feyer des Todes Jesu.   „ „ „ „
2556 — — Abraham auf Moria. P. A. fol. Hl.
2557 — — Der sterbende Jesus. „   „ querfol. Hl.
2558 — — Saul od. die Gewalt der Musik. P. A. fol. Hl.
2559 — — Idamant od. d. Gelübde. Clavierausz. Lpz. Schwickert. Querfolio.
2560 — — Auf's Erndten-Fest et Dominica 7 p. Trinitatis. P. A. folio. Hl.
2561 **Romberg, A.** Psalmus CX. P. (5 Thlr.) Lpz. Peters. fol. Hl.
2562 — — Pater Noster. P. ib. Querfol. Hl.
2563 — — Die Macht des Gesanges. P. Bonn, Simrock. Querfol.Pb.
2564 — — Die Kindesmörderin. P. Hamburg, Böhme. Querfol. Hl.
2565 — — Das Lied v. d. Glocke. P. Bonn Simrock. fol. Hl.
2566 — — Die Harmonie d. Sphären. Hymne. P. ib. fol. Hl.
2567 — — Was bleibet und was schwindet.. P. ib. fol. Hl.
2568 — — Sehnsucht. P. ib. fol. Hl.
2569 **Rore, C. D.** (†1565) Missa 5st. ohne Begltg. P. A. Querfol.
2570 **Rosetti.** Passions-Oratorium. P. A. Querfol. Pb.
2571 — — Requiem. P. a. A. fol. Hl.
2572 **Rossi, Michel Angelo.** Erminia. P. A. Querfol. Hl.
2573 **Rossini.** Semiramide. P. a. A. 2 starke Bde. Querfol. Hlbde.

2574 **Rossini.** Otello. P. A. 4 starke Bände. Querfol. Hlbde.
2575 — — Elisabetta. P. A. 2 starke Bde. Querfol. Hlbde.
2576 — — Le Siège de Corinthe. P. (400 frs.) 2 vols. Paris.
      Troupenas. fol. Hfrzbde.
2577 — — Barbier v, Sevilla. P. Paris. fol. Hfr.
2578 — — — — — P. Firenze, Guidi. 2 vols. gr. 8 Hfrzbde.
2579 — — Guglielmo Tell. Part. Firenze, Guidi. 2 vols. gr. 8.
      Eleg. Hfrzbde.
2580 — — Les Soirées musicales. Mainz, Schott. fol. Hl.
2581 — — Barbier. Clavierausz. Brnschw. Meyer. Hfrzbd.
2582 — — Belagerung von Corinth. Clavierausz. Braunschweig,
      Meyer. Hfrzbd.
2583 — — Diebische Elster. Clavierausz. Brnschw. Meyer. Hfrzbd.
2584 — — Othello.   „   „   „   „
2585 — — Semiramis.   „   „   „   „
2586 — — Tancred.   „   „   „   „
2587 **Rousseau.** Le Devin du village. P. Paris. fol. Hfr.
2588 — — Fragmena de Daphnis et Chloé. P. Paris 1799. fol. Pb.
2589 — — Les Consolations des Misères de ma vie ou Receuil
      d'Airs Romances et Duos. P. Paris 1781. fol. Hfrzbd.
2590 **Rubinstein, A.** Océan. Symphonie. P. (6Thlr.)Lpz.Senff.gr.8.Hl.
2591 — — Adagio u. Scherzo. P. (2 Thr.) ib, gr. 8. Hl.
2592 **Rudorff. E.** op. 12. Ouvertüre. z. Otto d. Schütz. P. (1²/₃ Thlr.)
      Lpz. R. Seitz. gr. 8. Hl.
2593 — — op. 5. Sextett f. 3 Violinen, Viola u. 2 Violoncellos.
      P. (2 Thlr.) Senff. gr. 8. Hl.
2594 **Rust, F. W.** Sonate f. Clav. u. Violine. Stimmen in Abschr.
2595 **Sacchini.** Evelina. Oper. P. Paris. fol. Hpt.
2596 — — Renaud.   „   „   „   „ Hfrzbd.
2597 — — La Colonie.   „   „   „   „ Pb.
2598 — — Oedipe a Colone. Oper. Paris. Folio. Hl.
2599 **Salieri.** La Fiera di Venezia. P. a. A. 2 vols. Querfol. Hldbde.
2600 — — Armida. P. a. A. fol. Hl.
2601 — — — — Clavierausz. v. Cramer. Lpz. Breitkopf. 1783.
      Querfolio. Lwd.
2602 — — Tarare. Oper. P. Paris. fol. Hfrzbd.
2603 — — La Grotta di Trofonio. P. Vienna, Artaria. fol. Hl.
2604 — — — — Clavierausz. ib. fol. Hl.
2605 — — Les Danaïdes. P. Paris. fol. Hfrzbd.
2606 — -- Axur, König v. Ormus. Clavierausz. von C G. Necfe.
      Bonn, Simrock. Querfol. Pb.
2607 — — Favoritgesänge u. Ouvertüre aus der Oper „La Ciffra"
      f. Klavier. Berl Rellstab. fol. Hl.
2608 — -- Cantate „Wie eine Purpurblume". P. a. A. fol. Hl.
2609 — — Arien f. Sopran, Chor u. Orchester. P. a. A. fol. Hl.
2610 **Sammlung** kleiner Klavierstücke. Alte Abschr. Querfolio. Hl.
2611 — — von Schweizer Kühreigen und Volksliedern. Mit Text.
      Bern 1826. 2. vols. Querfol. u. 8. Cart.
2612 **Sange** for Studentforeningen. Kjöbenhavn. 1833. Mit
      Noten. Hfrzbd.

2613 **Sarti.** Le Gelosie Villane. P. a. A. 2 starke Bde. Querfol.
Alte originelle Einbde.
2614 — — Giulto Sabino. P. Vienna. Querfol. Hfrzbd.
2615 — — Les Noces de Dorine. P. Paris. fol. Hfrzbd.
2616 — — Fuga a 8 voci. P. Lpz. B. u. H. fol. Hl.
2717 **Scarlatti.** Télémaque. P. a. A. 3 starke Bde. Querfol. Hfrzbde.
2618 — — Le Sedecias. Oratorium. P. a. A. 2 starke Bände.
Querfolio. Hfrzbde.
2619 — — Antifona f. 2 Chöre „Tu es Petrus". P. A. Querfol. Hl.
2620 — — Psalm 126 für 2 Solost., Chor, Violine und Orgel.
P. A. Querfol. Hl.
2621 — — Memento Domine, 4 st. o. Begl. P. Querfol. Hl.
2622 — — Madrigal f. 5 Stimmen. P. Querfol. Hl.
2623 — — Cantate f. 1 St. m. bez. Bass. „   "
2624 — — Toccata f. Klavier u. Orgel. P. a. A." Querfol. Hl.
2625 — — Dixit Dominus a 5 voci c. Basso continuo. P. A. fol. Hl.
2626 — — Domine refugium factus es nobis. P. A. fol. Hl.
2627 — — Magnificat. 5stimmig m. Begl. P. A. fol. Hl.
2628 — — Salve Regina für 4 Stimmen, 2 Violinen und Bass.
P. A. fol. Hl.
2629 — — — — f. Sopran m. Instr. Begl. P. A. fol. Hl.
2630 — — Recitativ-Arie e Duetto, Terzetto e Quartetto. hrsg.
v. J. J. Maier. Berlin, Schlesinger. fol. Hl.
2631 — — Missa a 4 voci hrsg. v. Proske. Ratisb. Manz. fol. Hl.
2632 — — Amor generoso. Oper. P. A. fol. Hl.
2633 — — La Griselda.   „   „   „   „   „
2634 **Scheibe, J. A.** Festo Paschatos „der Tod ist verschlungen".
P. a. A. fol. Hl.
2635 — — Ariadne auf Naxos u. Prokris u. Cephalus. Clavierauszug. Altona 1779. fol. Hl.
2636 **Schenk, Joh.** „Domine hysopo et mundabor" 5stimmig.
P. A. fol. Hl.
2637 — — Der Dorfbarbier. Clavierausz. Lpz. 1856. Hl.
2638 **Schicht.** Trauermotette „Meine Lebenszeit verstreicht". Abschrift. 8. Pb.
2639 — — Motetto „Nach einer Prüfung kurzer Tage". P. Lpz.
B. u. H. fol. Hl.
2640 **Schmidt, Vinc. Caldara, Doria,** diverse Claviersachen in alter
Abschrift. In 1 Bde. Querfol. Hpt.
2641 **Schneider, F.** Das Weltgericht. P. Lpz. B. u. H.Querfol.Hfrzbd.
2642 — — Gethsemane u. Golgatha. Passions-Oratorium. P. A.
Querfolio. Hfrzbd.
2643 — — Absalon, Oratorium. P. Dessau. fol. Hl.
2644 **Scholz, B.** op. 16. Requiem für Soli, Chor u. Orchester. P.
(4½ Thl.) Lpz. B. u. H. fol. Hl.
2645 — — op. 15. Ouvertüre zu Göthe's Iphigenie auf Tauris.
P. (1⅔ Thlr.) Lpz. Rieter-Biedermann. gr. 8. Hl.
2646 — — op. 21. Im Freien. Concertstück in Form einer Ouvertüre. P. (1 Thlr.) ib. gr. 8. Hl.

2647 **Schubert, Fr.** Symphonie (C dur) für gross. Orchester. P. (10 Thlr.) Lpz. B. u. H. gr. 8. Hl.
2648 — — Grosse Messe f. Chor u. Orchester. P. Lpz. Rieter-Biedermann. fol. Hfrzbd.
2649 — — Trio No. 1. für Clavier, Violine und Cello. Stimmen. Bresl. Leuckart. fol. Hl.
2650 — — Trio No. 2. f. Clavier, Violine u. Cello. Stimmen. ib.
2651 — — Quintett (Forellen-Quintett) f. Clavier u. Saiteninstrumente. Stimmen. ib. fol. Hl.
2652 — — Zwei Sätze der unvollendeten Symphonie in H moll. P. (3 Thlr.) Wien, Spina. gr. 8. Hl.
2653 — — Ouvert. z. Fierrabras. op. 76. P. (1¹⁄₃ Thlr.) ib. gr. 8. Hl.
2654 — — — — zu Alphonso und Estrella op. 69. P. (1¹⁄₄Thlr.) ib. gr. 8. Hl.
2655 — — — — zu Rosamunde. op. 26. P. (2 Thlr.) ib. gr. 8. Hl.
2656 — — Zwei Entr'acts aus Rosamunde. P. (2 Thlr.) ib. gr. 8. Hl.
2657 — — Ouvert. i. italien. Style. op. 170. P. (1¹⁄₂ Thlr.) ib. gr. Hl.
2658 — — Ossians Gesänge mit Clavierbegleitung. Wien, Diabelli. (4¹⁄₄ Thlr.) Querfol. Lwdbd.
2659 — — Sämmtliche Compositionen. Bd. I—VI: Lieder u. Gesänge. Wolfenbüttel. fol. Hlbde.
2660 — — Lieder u. Gesänge. 6 Bde. Lpz. B. u. H. Neue revidirte Ausgabe. gr. 8. (6 Thlr.)
2661 — — Sämmtliche Gesänge. Neue Ausgabe revid. von Jul. Rietz. 11 Bde. (11 Thlr.) Lpz. B. Senff.
2662 — — Erlkönig. Photo-Lithographie n. d. Original. Berl. 1868. Querfolio. Hl.
2663 **Schulz, J. A. P.** Passionsoratorium Maria und Johannes für Soli, Chor u. Orch. P. A. fol. Hl.
2664 — — Chor „Dir Gott gebühret Lob u. Dank". P. A. fol. Hl.
2665 — — Hymne v. Voss. Mit Orch. P. A. gr. 4. Hl.
2666 — — Choers d'Athalie. P. Hamb. 1786. Querfol. Hl.
2667 — — Lieder im Volkston. 3 Theile. Berlin Decker. 1785—1790. Querfol. Pb.
2668 **Schumann, R.** Messe f. 4stimmigen Chor u. Orch. P. Lpz. Rieter-Biedermann. fol. Hl.
2669 — — Requiem f. Chor u. Orch. ib. fol. Hfrzbd.
2670 — — Symphonie I. B dur für Orch. P. (5 Thlr.) Leipzig, B. u. H. gr. 8. Hl.
2671 — — Symphonie II. für Orch. P. (5²⁄₃ Thlr.) Lpz. Whistling. gr. 8. Hl.
2672 — — Symphonie III. Es dur für Orch. P. (5¹⁄₃ Thlr.) Bonn, Simrock. gr. 8. Hl.
2673 — — Symphonie IV. D Moll. für Orch. P. (4 Thlr.) Lpz. B. u. H. gr. 8. Hl.
2674 — — Das Paradies und die Peri. P. (12 Thlr.) Leipzig, B. u. H. folio. Hfr.
2675 — — Scenen Göthe's Faust. P. (12 Thlr.) Leipz. Peters. folio. Hfr.
2676 — — Manfred. P. (6¹⁄₂ Thlr.) Lpz. B. u. H. folio. Hfr.

2677 **Schumann, R.** Der Rose Pilgerfahrt. P. (8²/₃ Thlr.) Lpz. Kistner. folio. Hl.
2678 — — Des Sänger's Fluch. P. (9 Thlr.) Elberf. Arnold. fol. Hl.
2679 — — Vom Pagen und der Königstochter. P. Wintherth. Rieter-B. folio. Hl.
2680 — — das Glück v. Edenhall. P. ib. folio. Hl.
2681 — — Ouvertüre, Scherzo u. Finale für Orch. P. (2⁵/₄ Thlr.) Lpz. Kistner. gr. 8. Hl.
2682 — — Ouvertüre z. Geneveva. P. (1²/₃ Thlr.) Leipzig, Peters. gr. 8. Hl.
2683 — — Ouvertüre z. Braut v. Messina. P. (1¹/₄ Thlr.) Leipz. Peters. gr. 8. Hl.
2684 — — Ouvertüre z. Manfred. P. (2 Thlr.) Leipz. B. u. H. gr. 8. Hl.
2685 — — Festouv. über d. Rheinweinlied P. (2²/₃ Thlr.) Bonn, Simrock. gr. 8. Hl.
2686 — — Ouvertüre z. Hermann u. Dorothea. P. (1¹/₂ Thlr.)
2687 — —· Ouvertüre z. Julius Cäsar. P. (2 Thlr.) Braunschw. Meyer. 4. Hl.
2688 — — Concert f. Pianoforte u. Orchester P. (4 Thlr.) Lpz. B. u. H. gr. 8. Hl.
2689 — — Concertstück f. 4 Hörner u. Orchester. P. (4 Thlr.) Leipz. Sshuberth. fol. Hl.
2690 — — 3 Quartette f. 2 Violinen, Bratsche und Violoncelle. P. (3 Thlr.) Leipz. B. u. H. gr. 8. Hl.
2691 — — Neujahrslied für Chor u. Orch. Lpz. Rieter-B. P. fol. Hl.
2692 — — Nachtlied für Chor u. Orch. Bonn, Simrock fol. Hl.
2693 — — Adventlied. **P. A.** fol. Hl.
2694 — — Lieder, Gesänge u. Requiem f. Mignon. — Requiem für Mignon. P. In 1 Bde. Leipz. B. u. H. fol. Hl.
2695 **Schütz.** Pater Noster. P. A. fol. Pb.
2696 — — Selig sind die Todten. P. A. fol. Pb.
2697 **Schwaneberg.** Romeo et Giulia. P. A. folio. Hfr.
2698 **Schweitzer.** Alceste. P. a. A. Querfolio. Hl.
2699 — — Alceste. Clavierausz. Berl. 1786. Querfol. Hfr.
2700 — — „   „   S. a. e. l.   „   „   Mit Titelkupfer.
2701 — — Elisium. für Clavier. A. A. fol. Pb.
2702 — — „   Clavierausz. Kgsbrg. 1774. Querfol. Hfr.
2703 — — Polyxenea. Part. Weimar 1793. fol.
2704 **Seydelmann, Fr.** Il Capriccio corretto. P. A. 2 starke Bde. Querfolio. Pb.
2705 — — Am Neujahrstage „Jauchzet¿laut den Gott der Zeiten." P. a. A. fol. Pb.
2706 **Sperontes.** Singende Musse an der Pleisse in 2mahl 50 Liedern. Lpz. 1747. — Erste Fortsetzung in 2mahl 25 Liedern. 1742. — Zweite Forts. in 2mahl 25 Liedern. 1745. gr. 8. Hfr.
2707 **Spohr. L.** Jessonda. P. A. 3 starke Bde. Querfol. Hfr.
2708 — — Die Jahreszeiten. Sinfonie. P. (3¹/₂ Thlr.) Leipzig, Schuberth. gr. 8. Hl.

2709 **Spohr, L.** Die letzten Dinge. P. A. Querfolio. Hfr.
2710 — — „   „   „ Clavierauszug. Querfolio. Hfr.
2711 — — Symphonie No. 1. P. A. Querfol. Hfr.
2712 — —   „   No. 2. „ „   „   „
2713 — —   „   No. 3. „ „
2714 — — Der Fall Babylon's Orator. P." (15 Thlr.) Lpz. B. u. H. folio. Hfr.
2715 — Irdisches und Göttliches. Doppel-Symphonie für 2 Orchester. P.' (5¹/₈ Thlr.) Leipz. Schuberth. fol. Hl.
2716 — — Messe für 5 Stimmen u. 2 Chöre. P. A. gr. fol. Pb.
2717 — — 3 Psalmen für Soli und 2 Chöre. P. Bonn, Simrock. Querfolio. Hl.
2718 — — Hymne f. 4 Chor- u. 4 Solostimmen u. gr. Ochester. P. Bonn, Simrock. folio. Hl.
2719 — — Ouvertüre z. Faust. P. (1¹/₄ Thlr.) Leipzig, Peters. gr. 8. Hl.
2720 — — Ouvertüre z. Jessonda. P. (1 Thlr.) Leipzig, Peters. gr. 8. Hl.
2721 — — Concertouvertüre im neuesten Styl. P. (1¹/₃ Thlr.) Lpz. Siegel. gr. 8. Hl.
2722 — — Sechs deutsche Lieder. Leipz. Peters. Querf. Hl.
2723 — — Notturna für Harmonie und Janitscharen-Musik. P. Leipz. Peters. folio. Hl.
2724 — — Doppel-Quartett D Moll. P. Firenze, Guidi, 12. Hl.
2725 **Spontini.** La Vestale. P. (60 frcs.) Paris. folio. 2 vols. Hfr.
2726 — — Die Vestalin. Clavierausz. Brnschw. Hfr.
2727 — — Cortez. P. (72 frcs.) Paris. folio. 2 vols. Hfr.
2728 — — Miltón. P. (36 frcs.) Paris. folio. Hfr.
2729 — ⟋ Julie. P. (30 frcs.) „   „   „
2730 **Stanitz, C.** Sinfonie D dur. P. und Stimmen in A. gr. 8. — Hl. und folio.
2731 — — Sinfonie D dur. P. m. Stimmen in A. gr. 8. Hl. u. fol.
2732 **Steffan, Gius.** 15 Sonaten f. Clavier. A. A. Querf. Cart.
2733 — — 8 Duetti f. Sopran u. A. A. folio. Hl.
2734 — — Sammlung deutscher Lieder m. Clavier. Wien,1779. Querfolio. Hl. .
2735 **Stegmann, C. D.** Der Deserteur. Clavierausz.'Lpz. 1775. Hfr.
2736 — — Erwin u. Elmine.   „   1776. Hl.
2737 **Stephani.** La Lotta d'Alcide con Achelo. P. A. folio. Hl.
2738 **Stölzel, G. H.** Missa Canonica. P. Wien, Steiner. fol. Hl.
2739 **Storace, St.** The Siege of „Belgrade. Clavierauszug. Lond. Dale. Querfolio. Hl.
2740 **(Strohbach.)** Passio Dominica secundum Johannem. A. A. folio. Hl.
2741 **Süssmayr, Fr.** Der Spiegel von Arkadien von Schikaneder. Clavierauszug Heilbronn. Querfol. Pb.
2742 **Tag, E. G.,** Teutsche Praefation. P. a. A. fol. Hl.
2743 **Talestri Regina delle Amazzoni.** Dramma per Musica di E. T. P. A. P. Lpz. Breitkopf 1765. Mit Kupfern. Querfol. Hfr.
2744 **Taubert, W.,** Der Sturm. P. (10 Thlr.) Lpz. B. u. H. fol. Hl.

2745 **Taubert, W.,** op. 139. Aus 1001 Nacht. Concert-Ouvertüre für Orchester. P. (2¹/₃ Thlr.) Lpz. Kistner. gr. 8. Hl.
2746 — — op. 161a. 25 Variationen u. ein Originalthema f. Orch. P. (3 Thlr.) Mainz, Schott. gr. 8. Hl.
2747 **Tausch., J.,** · Musik zu »Was Ihr wollt.« — Düsseldorf, Bayrhoffer. (3¹/₂ Thlr). fol. Hl.
2748 **Telemann,** Miriways. Oper in 3 Aufzügen. P. A. (356 Seiten) fol. Hfr.
2749 — — Don Quichotte, P. A. (138 Seiten) folio. Hfr.
2750 — — Seeliges Erwägen. P. A. fol. Hpgtbd.
2751 — — der Tag des Gerichts. P. A. fol. Hl.
2752 — — der Tod Jesu. P. A. fol. Hl.
2753 — — Missa, P. A. fol. Hl.
2754 — — Pfingst-Cantate »Wie lieblich, wie schön ist dieses zu hören.« P. A. fol. Hl.
2755 - — Figurirter Choral »Eine feste Burg.« P. A. fol. Hl.
2756 — — Articulus secundus de Redemptione. P. A. fol. Hl.
2757 — — Musicalisches Lob Gottes in der Gemeine des Herrn bestehend aus einem Jahrgange ü. d. Evangelien. f. 2 oder 3 Singstimmen, zwo Violinen auch Trompetten und Paucken an hohen Festen, nebst dem Generalbasse. Nürnberg, Balth. Schmid 1744. 2 vols. fol. mit Portr. Hfr.
2758 — — Beytrag z. Kirchenmusik. Chöre, Choräle u. Fugen. Königsberg. 1785 fol. Pb.
2759 **Thalman,** Missa Irridentium. P. a. A. fol. Hl.
2760 **Thuma,** Symphonie Es dur. Stimmen in A. fol.
2761 **Toeschy, Gius.,** Sinfonie Es dur. Part. u. Stimmen in Abschr. gr. 8. Hl.
2762 — — Sinfonie G dur. Part. u. Stimmen in Abschr. gr. 8. Hl.
2763 — —   „   C   „   „   „   „   „   „   „
2764 **Trammezzani, D.,** Duett a. d. Oper »La Ginevra degli Almieri.« Part. Mil. Ricordi. Querfol. Hl.
2765 **Il Trionfo della Fedelta.** Dramma pastorale per musica di E. T. P. A. P. a. A. 4. Hfr.
2766 **Tritto,** Le Vicende Amoroso. P. A. 2 starke Bände Querfol. Kalblederbde.
2767 — -- Dixit f. 5 Stimmen m. Instrum. begl. P. a. A. Querfol. Hl.
2768 **Le Troc,** Opera - Comique Parodie des Trocqueurs. Paris 1756. 8. Hl.
2769 **Tucher,** Kirchengesänge d. älteren italien. Meister (Palaestrina, Anerio, Vittoria, Nanini) 2 Hefte. Wien Diabelli, fol. Hl.
2770 — — Schatz d. evangel. Kirchengesanges als Versuch eines Normal- oder Allgemein-Choralbuches Stuttg. 1840. 4.
2771 **Türk, D. G.,** Lieder u. Gedichte aus dem Siegwart. Lpz. 1780. Querfol. Pb.
2772 **Vallerano,** Motetti a 4 voci. P. A. fol. Hl.
2773 **Valotti,** Salve Regina a 2 Chori. P. A. Querfol Pb.
2774 — — Petrus Apostolus. 6 stimmig. P. A. fol. Pb.
2775 **Veichtner, F. A.,** Cephalus u. Prokris. P. Berl. 1779. fol. Pb.
2776 **Viadana, L.** Opera omnia Sacrorum concertuum I. II. III. u. IV

vocum. Cum basso continuo et generali Organo adplicato.
2 vols. Francof. 1613. gr. 8.

2777 **Viadana, L.**, Centum Sacriconcentus ab una voce sola. 2 vols.
Cantus et Bassus. Francof. 1615. 4. Hfr.

2778 **Vinci, Leon.** da, Artaserse. Oper. P. a. A. Querfol. Alter
Lederband.

2779 **Vogel,** La Toison d'Or. Part. Paris, Michaud 2 vols. fol. Hfr.

2780 **Vogler, Abt.,** Missa solennis. Part. Offenb. André. Querfol. Hl.

2781 — — Missa pastoritia. Part. Offenb. André. Querfol. Hl.

2782 — — Missa de quadragesima 4St. m. Orgel. P. ib. Querfol. Hl.

2783 — — Requiem Part. Mainz, Schott. Querfol. Pb.

2784 — — Miserere f. 4 st. Chor u. Orchester. P. Offenb. André Hl.

2785 — — Serinissimae Puerperae sacrum „Postquam impleti
sunt" Part. ib. Querfol. Hl.

2786 — — Ave Maris Stella u. Crudelis Herodes f. 2 Chöre u.
Clavier. Offenb. André. Hl.

2787 — — Graduale „Veni Sancte Spiritus" f. 4 st. Chor und
Orchester. Hl.

2788 — — Hermann v. Unna. Clav. Ausz. Kopenhagen. fol. Cart.

2789 — — Belebrende musikal. Herausgaben. München Falter
fol. Cart.

2790 — — die Scala oder personifizirte Stimmbildungs- u. Singkunst. Offenb. André fol. Hl.

2791 — — Ouverture zu Samori. P. a. A. Querfol. Hl.

2792 — — Gründe der Kuhrpfälzischen Tonschule in Beyspielen.fol.

2793 — — Musikalien; Gegenstände der Betrachtungen. I—III.
Jahrgang (à 12 Lieferungen.) 1778—1780. fol. In 3 Kapseln.

2794 — — dasselbe: I. Lfg. 1. 2. (Rondo z. Singen, Andante f.
Clavier, Versett aus Pergolesen's Stabat mater, Cantate von
Bach.) fol.

2795 **Volkmann, R.,** op. 44. Symphonie D moll f. Orch. Part.
(4²/₃ Thlr.) Pest. Heckenast. gr. 8. Hl.

2796 — — op. 53. Symphonie B dur. f. Orch. Part. (3²/₃ Thlr.
ib. gr. 8. Hl.

2797 **Wagenseil,** Symphonie Cdur. Part. u. Stimmen in Abschr.
gr. 8. Hl.

2798 — — Symphonie G dur. Part. u. Stimmen i. Abschr. gr. 8. Hl.

2799 — — Six Concertos for the Organ or Harpsichord with
Instrumental Parts. Lond. 4.

2800 — — Kyrie Eleison. P. A. fol. Hl.

2801 — — 44 Divertimente für Clavier. In 6 Heften Querfol.
Alte Abschr.

2802 **Wagner, Rich.,** Tristan und Isolde. Part. (36 Thlr.) Leipzig.
B. u. H. fol. Hl.

2803 — — Lohengrin. Part. (20 Thlr.) ib. fol. Hl.

2804 — — Eine Faust-Ouvertüre f. Orchester. Part. (2 Thlr.)
Lpz. B. u. H. gr. 8. Hl.

2805 **Warren, J.,** Handbook of Glees, Catches, Canons, Madrigals,
Part-Songs etc. 2 vols. 4 Lwdbde. London, Cocks u. Comp.

2806 **Weber, C. M. v.,** der Freischütz. Part. (18 Thlr.) Berl. Schlesinger. fol Hfr.

2807 — — Der Freischütz. Clavierausz. (6½ Thlr.) ib. Querfol.

2808 — — Euryanthe. Part. (15 Thlr.) ib. Querfol.

2809 — — — — Clavierausz. (6⅔ Thlr.) Wien. Steiner Querfol. Hl.

2810 — — Abu Hassan. Part. A. fol. Hfr.

2811 — — Musik zu Preciosa. Part. (8 Thlr.) Berl. Schlesinger fol. Hfr.

2812 — — Preciosa Clavierausz. Querfol. Hfr.

2813 — — Oberon. Clav.-Ausz. (6½ Thlr.) Berl. Schlesinger. fol. Hfr.

2814 — — Ouvertüre z. Oberon. Part. (1¾ Thlr.) Berl. Schlesinger gr. 8. Pb.

2815 — — Arie z. Oberon. P. A. Querfol. Hl.

2816 — — Ouvertüre zu Rübezahl. Part. (1¼ Thlr.) Lpz. Peters. gr. 8. Hl.

2817 — — I Sinfonie. P. A. Querfol. Hfr.

2818 — — Messe in G. Part. Wien Haslinger. fol. Hl.

2819 — — Jubel-Cantate. Part. (7 Thlr.) Berl. Schlesinger fol. Hl.

2820 — — Hymne „In seiner Ordnung schafft der Herr" P. A. Querfol. Hl.

2821 — — Hymne „In seiner Ordnung schafft der Herr" Clav.-Ausz. Berl. Schlesinger. Querfol. Hl.

2822 — — Kampf und Sieg. Cantate. Clav.-Ausz. Berl. Schlesinger. Querfol. Hl.

2823 — — Scena ed Aria d'Ines de Castro f. Tenor, Clavier und Orchester. P. u. Stimmen. Berl. Schlesinger. 4.

2824 — — Scena ed Aria d'Ines de Castro f. Tenor, Clavier u. Orchester. P. A. fol. Hl.

2825 — — Romanze aus Abu Hassan m. Orch. P. A. Querfol.

2826 — — 5 deutsche Lieder m. Guitarre u. Pfte. Pr. u. Leipz. Querfol. Hl.

2827 — — 3 Duette f. 2 Sopranst. u. Clavier, München Falter. Querfol. Hl.

2828 — — 3 Canzonetten f. 1 Singst. u. Pfte. Lpz. Hofmeister. Querfol. Hl.

2829 — — Compositionen in dem Festspiel „Lieb und Versöhnen". Berl. fol. Hl.

2830 — — der erste Ton. Mit Musik z. Deklamation. P. A. fol. Hl.

2831 — — Grande Sonate p. Pfte. Berl. Schlesinger. Querfol. Pb.

2832 — — Sieben Variationen über ein Zigeunerlied. Berl. Schlesinger. Querfol. Hl.

2833 — — Jubel-Ouvertüre. P. Berlin, Schlesinger. fol. Hl.

2834 — — Concertstück f. Pfte. mit Orchester. P. (2⅓ Thlr.) Leipzig, Peters. gr. 8. Hl.;

2835 — — Momento Capriccioso. Querfol. Hl.

2836 — — Weber-Album. Dresden 1861. fol. Hl.

2837 **Weber, B. A.,** der Gang nach dem Eisenhammer. P. Leipzig, Peters. Querfol. Hl.

2838 **Weber, B. Chr.,** das wohl temporirte Clavier (1689) alte Abschrift. fol. Hpt.

2839 **Weigl, J.** Die Uniform. P. A. 2 starke Bde. Querfol. Hfr.
2840 — — Kaiser Hadrian. P. A. 2 starke Bde. Querfol. Hlwdbde.
2841 — — La Principessa di Amadfill. P. A. 2 starke Bände. Querfol. Hlwdbde.
2842 — — Die Schweizerfamilie. P. A. 2 starke Bde. Querf. Hlwbd.
2843 — — — — — — Clavierausz. Brnschw. Hfr.
2844 — — Ouvertüre zu Richard Löwenherz. P. A. Querfol. Hl.
2845 **Weimar und Bach.** Ode »So weit der Wesen Millionen« 4 stimmig mit Orchester. P. A. fol. Hl.
2846 **Weinlig.** Die Nachtfeyer des Todes Jesu. Eine Passions-Cantate. P. A. fol. III.
2847 **Westenholz, C.** Die Hirten bey der Krippe zu Bethlehem. P. A. fol. Pb.
2848 **Weyse, C. E. F.** Der ambrosian. Lobgesang. P. Copenhagen, Lose. Querfol. Hl.
2849 — — Cantate »See dine Sönner for sam les paanye.« P. ib. Querfol. Hl.
2850 — — Kampevise Melodier. ib. Querfol. Hl.
2851 — — Ni Sange mit Pfte. P. ib. Querfol. Hl.
2852 **Winter, P.**, das unterbrochene Opferfest. P. A. 2 starke Bände. Querfol. III.
2853 — — — Clavierauszug. Braunschw. Hfr.
2854 — — das Labyrinth oder der Kampf mit den Elementen. P. Bonn, Simrock. Querfol. Hfr.
2855 — — die Macht der Töne. P. (6 Thlr.) Lpz. B. u. H. fol. Hl.
2856 — — Sinfonie-Concertante für Violine, Clarinette, Basson et Cor av. Orchestre. P. A. fol. Hl.
2857 — — Sinfonie-Concertante für Violine, Clarinette, Fagott und Horn. Mit Orchesterbegl. Stimmen. Lpz. B. u. H. fol.
2858 — — die Musik. Cantate. P. A. fol. Hl.
2859 — — die Erlösung d. Menschen. Cantate. Lpz. B. u. H. fol. Pb.
2860 **Wolf, E. W.** Polyxena. P. Leipzig 1776. Querfol. Ldrbd.
2861 — — das Gärtnermädchen. Clavierauszug. Weimar 1774. Querfol. Pb.
2862 — — das Rosenfest. Clavierausz. Weim. 1775. Querfol. Hl.
2863 — — die Dorfdeputirten. Clavierausz. Weim. 1773. Querf. Pb.
2864 — — der Abend im Walde. Clavierausz. Riga 1775. Querf. Pb.
2865 — — die treuen Köhler. Clavierausz. Weim. 1774. Querf. Pb.
2866 — — die letzten Stunden des Erlösers am Kreuze. Oratorium. P. a. A. fol. Hl.
2867 **Wolff, Chr.** Passionis historia secundum Marcum. P. a. A. fol. Hl.
2868 Vier und zwanzig alte deutsche Lieder aus dem **Wunderhorn** mit bekannten meist älteren Weisen beym Klavier zu singen. Heidelberg 1810. 4. Pb.
2869 **Zelenka.** Missa D dur. 4 Singst. und Orch. P. a. A. fol. Hl.
2870 — — Requiem D dur für 4 Singst. und Orch. P. A. fol. Hl.
2871 — — Kyrie, Gloria, Credo und Sanctus für 4 Singst. und Orch. P. a. A. fol. Hl.
2872 — — Kyrie und Gloria für 4 St. und Orch. P. a. A. fol. Hl.

2873 **Zelenka.** Kyrie A moll für 4 St. und Orch. P. A. fol. Hl.
2874 — — Offertorium per li Defonti. P. A. Querfol. Hl.
2875 **Zingarelli,** Antigone. Oper. P. (50 frcs.) Paris. fol. Hfr.
2876 — — Motetto a voce sola di Basso mit 2 Violinen und Bass. P. A. fol. Pb.
2877 — — Romeo und Juliette. Recitativ und Rondo für 1 Singst. und Orch. P. A. Querfol. Hl.
2878 **Zumsteeg.** Die Geister-Insel. Oper. Clavierauszug.
2879 Ein Packet Symphonieen verschiedener Meister. Stimmen in Abschrift.

Nachtrag.

2880 **Beethoven.** Overtures. Arranged by E. Pauer. Lond. 1856. folio. (6 Thlr.) Hl.
2881 **Haydn, J.** Verzeichniss von denjenigen Kompositionen, welche ich mich beyläufig erinnere von meinem 18. bis in das 73. Jahr componirt zu haben. Thematisches Verzeichniss in Abschrift. folio. Hl.
2882 — — Geschriebenes themat. Verzeichniss. folio. Mit der Notiz von Otto Jahn's Hand:
Nach dem Original bei Professor F. W. Dehn in Berlin. Was von Haydn's Hand ist, ist mit rother Dinte geschrieben oder unterstrichen, bei Noten mit † vorgemerkt. Was roth geschrieben und unterstrichen ist, ist später zugesetzt, ebenso die Zeichen ♯ *. Später sind von einer andern Hand noch andere Zeichen mit Bleistift und Röthel zugesetzt, wie es scheint, bei einer Revision. Leipzig, Juli 1853.
2883 — — Offertorio per ogni Tempo à 4 voci con organo. P. A. fol. Hl.
2884 — — Sinfonia in D. P. A. gr. 8. Hl.